精神科医が語る

HSP・心の病と“生きづらさ”

「とても敏感な人たち」のために

南青山アンティーク通りクリニック
院長／精神科医
福西 勇夫 著

法研

はじめに　～生きづらさとＨＳＰ～

人生を生きていくなかで、ほとんどの人が何らかの〈生きづらさ〉を感じているように思います。

すべてが完璧であり、〈生きづらさ〉がまったくない人生は存在し得ないように思います。

誰でも、どこかにアキレス腱のように〈生きづらさ〉を感じ、それに対峙しながら闘っているのが現実です。

そこで本書では、〈とても敏感な人たち〉というＨＳＰ(Highly Sensitive Persons)の切り口から、〈生きづらさ〉をひとりの精神科医の立場から書かせていただきました。

昨今、世の中に〈生きづらさ〉という用語が徐々にですが、伝播（でんぱ）しています。

ですが、やや遅すぎる感もします。

なぜなら、よほどラッキーな人でない限り、人生を送ること自体がそもそも生き苦しく、生きづらいものであり、〈生きづらさ〉を全然感じない方が鈍感なように思いたくなるからです。

苦しい世の中を耐えながら、生き続けるからこそ、〈生きづらい〉と感じるのではないかと思います。死んでしまうよりも、生き続けることの方が大変なこともあるのです。

精神科で多くのクライアントの診療を行わせていただいていると、今も昔も「死にたいほど辛い」と苦しい胸中の一端を訴える人に出会います。普段は死に関連する言葉を訴えない人でも、「死にたいほど辛い」「生きていても生きる意味を見いだせない」などと死を示唆するような代替えの言葉を吐露し、本当に苦しい心の一面を垣間見せることもあります。

最近では、「消えてしまいたい」「ここからいなくなりたい」とさりげなく語る人に出会う頻度が増えています。

生きづらく感じない人が世の中にいるのなら、もしかすると、その人たちは、まだ人生が本格的にスタートしていないのかもしれません。例えば、保護者である親の庇護下にあり、親の脛をかじっている学生は、社会に出る前の段階です。社会に入り、親から自立して、ようやく人生が始まります。

ＨＳＰの特性を持つ人は、大学を卒業して社会に出ると、より本格的にＨＳＰの特性をごまかせなくなり、〈生きづらさ〉を一層強く感じるようになるかと思います。ＨＳＰの概念が広がり、周囲の理解が深まれば、事情が一変するかもしれません。

その一方で、小さい頃から、ＨＳＰなどが原因で、とても敏感で感じやすい、あるいは家族関係、学校関係などの諸問題が原因となり、〈生きづらさ〉を感じ続けている子どもたちは大勢います。彼らは、心の中の〈生きづらさ〉や感じやすく敏感な部分を、言葉として言語化することが、大人のように流暢にできません。それがゆえに、家族や周囲の知人、友人は、彼らの心の中の動きを正確に読めないことがあります。要するに、「うちの子は全然平気…、大丈夫…」と勘違いしていることもあります。

サラリとスルーできるタイプならまだいいのですが、後ろを振り返り、過去の出来事を蒸し返すようなタイプの人にしてみれば、精神的に相当きついように思います。

確かに、〈生きづらさ〉やＨＳＰに端を発した諸問題が、表面化、顕在化することのない運のいい子もいます。ですが、成人後に就職し、複雑な対人関係などが引き金となり、パニック発作などの不安障害、うつなどの気分障害、職場で不適応を引き起こす適応障害などを呈し、彼らの未成年の時期における未解決の諸問題が、同時に噴出することがよくあります。

治療者の立場からすれば、「よくここまで頑張ってきたね…」という感じです。

しかも、多くの人たちは、ＨＳＰという感性だけでなく、そこから派生した二次的な問題を含め、〈生きづらさ〉を抱えながら生きています。二次的な問題はあまりにも多岐に及び、本書では書き尽くせないほどあります。

問題はその中身です。

本人は、精神的な要素や感性の要素が多分に混じっているＨＳＰに関連する生きづらさを感じているのですが、周りの人は、そういう人々が数多く存在することさえも知らない、わからないのです。どうしても人間である以上、自分の経験したことのないことに関しては、ある程度は推測できるとしても、そこには限界があります。このギャップ、すなわち両者の差、乖離(かいり)には、計り知れないほど大きなものがあります。もし本書が、このような差の埋め合わせに少しでもお役にたつことができれば、嬉しい限りです。

ＨＳＰの存在を訴えることで、こういう類の〈生きづらさ〉も存在することを周囲に理解してもらうことによって、生きづらい環境をわかってもらうことが大切です。言葉を変えれば、周囲にわかってもらえるということは、共感してもらっていることと同じだからです。

世の中の人間は十人十色ですが、共感されることに対する反応はそう大差がありません。いかなる人間であっても、共感されて嬉しくない人はいません。照れて、恥ずかしがって適切な応答ができない人でも、心の中では嬉しいはずです。

再三再四、論じてきましたが、曖昧な言葉であるＨＳＰは、ＨＳＰでない人たちにしてみれば、とてもイメージしにくい言葉です。誤ったイメージを持たれているとしたら、それを是正することはとても重要と考えています。

言葉による伝達は、ときに誤解を生じます。

人によって、言葉の感じ方、言葉からイメージングする内容に差異があるからです。気心の知れた、長くつきあっている人ならいいのですが、初めての人、浅い、短いつきあいの人では、本当のあなたを理解していないことがしばしばです。

とりわけ、ＨＳＰの特性は、この類の行き違いによるトラブルを多発させてしまいます。

本書を通じ、より多くの方々に、見かけ上は何も苦しんでいないように見える人でも、実際はとても敏感すぎるがゆえに困っている人が少なくないという事実を知っていただく機会になることを願っています。

令和三年十一月

南青山アンティーク通りクリニック　福西　勇夫

目次

第2章 ＨＳＰを細かく整理するトライアル 41

第3章 心の病とＨＳＰ 67

第4章 生きづらさを和らげるコツと工夫 105

【装丁・本文デザイン】㈱イオック
【イラスト】法師人央美
【編集協力】アーバンサンタクリエイティブ／榎本和子

第1章

HSPも生きづらさの原因のひとつ

1 〈生きづらさ〉とは？

流行する〈生きづらさ〉というワード

最近、〈生きづらさ〉という言葉が流行っています。

言葉はとても難しく、〈生きづらさ〉という言葉を定義するのはそう簡単ではありません。

なぜなら、個人個人によって〈生きづらさ〉という言葉からイメージする中身が異なるからです。


人間は無意識に自分の経験値が基準になっています。

そこからどれだけ偏位しているかによって、人や物を判断する傾向があります。

平凡な生活を送ってきた人が、ある日突然に〈生きづらさ〉を感じた場合と、長期に及んで大変な思いをしてきた人では〈生きづらさ〉のレベルが全然違います。〈生きづらさ〉に慣れっこになっていることもあるかもしれません。

運悪く不幸続きのときに、幸せが舞い込んでくると「私、幸せになっていいのかしら？」「今の幸せって本当なの？」と思う人もいます。

例えば、結婚ができないと諦めかけていた人が、いい出会いに巡り合い、婚約したときなどにも同様の心理が働くことがあります。

精神科や心療内科のクリニックで診療していると、大騒ぎをしてやってくる人は意外に軽度の人が多く、その正反対に重度であるにもかかわらず、ずっと耐え続け、その挙句の果てに受診される方もいます。

実に多種多様です。

極端な言い方をすれば、食べるものさえも満足に供給されない社会では、〈生きづらさ〉は食がその中心になります。食が満たされれば、〈生きづらさ〉の対象が、次は衣食住の

衣にシフトする人もいれば、住にシフトする人もいるでしょう。

どれが正解という問題ではなく、どれも正解なのです。

その人にとって、〈生きづらさ〉の対象が異なるにすぎないように思います。

対人関係上の生きづらさ

現代は、どういう〈生きづらさ〉を生きづらく感じるのでしょうか?

人間関係に端を発する〈生きづらさ〉を感じる人が、最も多いように思います。

衣食住がそれなりに満たされている国々に住む人、とりわけ日本人に限定すれば、〈生きづらさ〉は職場や学校での適応レベルに反映されていることが少なくないように思います。

ひとつひとつ考えていきましょう。

なお、本書ではいくつかの事例を示しながら解説しますが、フィクションとして書いたものであることをお断りしておきます。

事例 1

対人上の不安や緊張から休職に

23歳女性。新卒で入社。入社直後から、職場での対人関係で苦しんだ。学生まではのんびり屋さんでおっとりした性格であったが、入社後は縦関係の人間関係で悩んだ。

とくに、男性上司はすぐに怒りを爆発させるなどするため、その人と一緒に仕事をするとひどい緊張感を抱く。徐々に会社に行けなくなり、いわゆるうつ状態を呈した。周囲に「消えたい…」などと漏らすようになり、休職に至る。

解説

事例1として、対人関係上の苦手さが直接的に露呈し、不適応を起こしたうつ状態の事例です。この類の事例はとても多く、表面化、顕在化している問題や精神症状は、うつ病、あるいは適応障害の範疇に位置しますが、その根底にＨＳＰに起因する〈生きづらさ〉が潜んでいるのは明らかです。

このようにコミュニケーションに支障を来す事例は数多く存在します。

表面上は、適応障害やうつ病と診断されることがしばしばです。ところが、そのベースに対人不安や対人緊張が存在し、結果としてコミュニケーションがうまくできないにすぎないことが多くあります。

なお、適応障害とは、日常的なストレスに上手に対処することができないために、うつや不安感などの精神症状が現れて社会生活に支障をきたす病気とされています。症状はうつ病や不安障害などと重複している部分があります。

人間は、一人では生きていけません。

大都会と田舎では、人口密度があまりにも違うかもしれませんが、多かれ少なかれ、対人関係が必ず生じます。

もし社会的な適応レベルに問題があるとすれば、精神的に対人関係を構築することが苦手な人が含まれているように思います。

対人関係上の問題は、

①コミュニケーションそのものが苦手（言語系が苦手）

②コミュニケーションに際して、自意識過剰で、過度に緊張する（対人緊張の問題）

③過去のトラウマが根強く、コミュニケーションを取るのが怖い（ＰＴＳＤ様の問題）

といったようなこともあれば、

④何か心の問題が根底にあり、それが原因でコミュニケーションに支障を来している

という場合もあります。実に色々な原因が考えられます。

心の病に関連した〈生きづらさ〉も存在する

心の病にはさまざまなものがあります。

〈生きづらさ〉というワードに最も関連性が高いと思われる疾患が、発達障害のひとつである、自閉症スペクトラム障害：ＡＳＤ（Autism Spectrum Disorder）です。

発達障害とは、ひと言でいうと、脳の認知機能の発達の凹凸（アンバランスさ）によって、日常生活や社会生活、対人関係などに困難が生じている状態といえます。認知機能とは、物事を理解したり、記憶したり、判断して実行したりする機能のことで、発達障害の人の脳では、先天的にこれらの機能の発達に偏りがみられることがわかっています。

人間誰しも、得意なことがあれば、苦手なこともあります。つまり、発達の凹凸は誰にでもあることなのですが、発達障害の人は、その差が著しいがために、学校や職場などに適応できず、本人が〈生きづらさ〉を感じたり、周囲を困惑させてしまうことがあるのです。

発達障害の人には、生まれつき持っている特有の性質（特性）があり、その特性によっていくつかの種類に分類されます。なかでも代表的なものが、自閉症スペクトラム障害：ＡＳＤ（Autism Spectrum Disorder）と注意欠如多動性障害：ＡＤＨＤ（Attention Deficit Hyperactivity Disorder）ですが、ＨＳＰと最も関連性が高いのはＡＳＤです。

詳細は後述しますが、ＡＳＤの人は、こだわりが異常に強い、空気を読めない、人の気持ちを察することができないなどの特性を持ち、二次障害として対人不安や対人緊張が異常に強く、人を避ける傾向が顕著にみられます。

統合失調症は発達障害ではありませんが、〈生きづらさ〉を感じる心の病のひとつです。

統合失調症は、幻覚や妄想といった症状を特徴とする疾患です。「統合」は、思考や感情、判断や行動などといった精神活動をひとつの目的に沿ってまとめる能力を意味し、「失調症」は、その能力が一時的に変調を来している状態を意味します。つまり、統合失調症とは、精神活動が一時的に変調を来した状態といえます。

統合失調症の人は、思考や感情などの精神活動にまとまりがなくなり、幻覚や妄想、思考滅裂（めつれつ）、意欲低下などの症状のほか、対人不安や対人緊張もそれなりに存在するため、〈生きづらさ〉を絶えず抱え、大変な苦しみの中を生き抜いています。

１００人に一人の割合で発症する統合失調症の人たちは、対人不安や対人緊張のために、大勢の人の中では委縮してしまう傾向がみられることがあります。

パーソナリティ障害も、そのひとつかもしれません。

ものの見方や考え方、人との関わり方、反応のしかたなどは十人十色で、その人ならではのパターンがあるものです。これをパーソナリティといい、その人らしさ、すなわち個性をつくり出しています。パーソナリティ障害とは、パーソナリティに著しい偏りや歪みがあり、日常生活や対人関係において持続的に困難が生じている状態といえます。

パーソナリティの偏りや歪みは、対人関係の不具合につながりやすく、周囲とのトラブルが絶えません。しかも、自分のパーソナリティを客観的に見つめ、修正するのは大変難しく、同じようなトラブルをくり返してしまうため、次第に周囲の人が離れて行き、やがて孤立を招きます。社会での居場所を失うといったこともあり得るのです。

パーソナリティには生まれ持った性格という側面もありますが、文化や家庭環境、親子関係、道徳観や倫理観などの影響を受けて育まれ、変化します。とくに、パーソナリティの基礎がつくられる乳幼児期の親子関係、家族関係は重要で、親子関係に大きな問題があり、精神発達のプロセスのなかで歪みが生じ、パーソナリティに関連した諸症状を呈するに至ることもあります。そのために今もなお、〈生きづらさ〉を心のなかに抱えたまま苦難の日々を送っていることもあります。

うつ病も同様です。

うつ病とは、気分の落ち込みや意欲の低下といった抑うつ状態が長期間持続する疾患です。うつ病は、生きるエネルギーが枯渇した状態ですから、活動性が低下し、身体にもさまざまな不調が現れます。

うつ病がもたらす抑うつは、日常生活や社会生活に支障を来すほど重く、長く、苦しいものです。また、うつ病の抑うつは、現実を悲観するのも特徴です。抑うつが悲観的な思考を生み、悲観的な思考がさらに抑うつに拍車をかけるという悪循環に陥るため、やがて何もかもが空しくなり、生きる意味が見出せなくなることもあります。まさに、日々〈生きづらさ〉に苦しんでいると言ってもよいでしょう。

不安障害も〈生きづらさ〉を抱え、毎日七転八倒している人もいます。

私たちは日々、様々な場面で不安を感じています。ただし、通常、不安にははっきりとした理由があり、その理由が解消・解決すれば、不安もなくなります。いわゆる「健康な不安」です。

一方で、これといった理由がないのに不安が続く場合や、自分ではどうすることもできない強い不安が頻繁に起こる場合などは、「病的な不安」です。この病的な不安を主症状とする疾患群を不安障害といい、主に次のようなものがあります。

①パニック障害

ある日突然、強い不安や恐怖とともに、動悸や冷や汗、呼吸困難などの症状に襲われる。パニック発作と呼ばれるこの症状は、いつどこで起こるかわからないため、日常生活にさまざまな支障を来す。

②社交不安障害

人に批判されることを極端に恐れ、人前に出ると会話困難、赤面、発汗などの症状が出るため、人と会うことや人前に出ることを極度に避けるようになる。

③強迫性障害

戸締りや火の元を何度確認しても心配でならないなど、自分でも不合理だとわかっていることを、自分の意思に反してくり返してしまう。このような行為を、強迫性行為という。

④心的外傷後ストレス障害（PTSD）

悲惨な体験や恐怖体験によって心に深い傷（心的外傷、精神的外傷＝トラウマ）を負ったあと、折に触れて、そのときの不安や恐怖がよみがえり、平静でいられなくなる。

⑤全般性不安障害

ある不安がなくなると、次の不安が始まるといった具合に、常に漠然とした不安を抱えている。

不安障害の人は、常に不安や恐怖と闘っているわけですから、その〈生きづらさ〉には計り知れないものがあると想像できます。

感覚器も〈生きづらさ〉に関連する

次に感覚器の問題です。

例えば、聴覚過敏のために、雑音としての生活音を拾いすぎて、耳栓をしていないと生活できない人たちも、〈生きづらさ〉を抱えている人たちです。ですが、彼らのなかには、聴覚が過敏であるがゆえに、拾ったさまざまな音を、的確に整理することが自在にできれば、名指揮者になることができるかもしれません。

同様に、嗅覚の過敏性がありすぎて、上手く活かすことさえできれば、有名なソムリエや名料理人になる可能性もあります。しかしながら、臭いに敏感であるがゆえに日常生活に支障を来し、〈生きづらさ〉を感じることもあるのです。

その他にも多々あるかと思います。

事例
2

生活音などの音を拾いすぎる

男子大学生。不眠を訴えて来院。小学生の高学年頃から、些細な音でも気になって仕方なかった。大学はリモートで講義を受けているので、昼間でも自室でパソコンをいじっている。最近は、自宅近くで工事が行われており、工事音が気になって、集中できない。その余韻が残り、夜も眠れないと言う。

彼の話では、工事のように明らかな騒音でなくても、食器を洗う音やエアコンの音でも敏感に感じ取る。

解説

事例2として、聴覚過敏の事例を提示しました。わずかの音でも拾うという聴覚過敏があるがゆえに、常に耳栓やイヤフォンをしていないと生活できません。結果として、彼もまた、〈生きづらさ〉を強く感じて生きています。その原因のひとつが聴覚過敏という感覚器の敏感さです。

現在、リスペリドンなどの抗精神病薬やロフラゼプ酸エチルなどの抗不安薬を中心とした薬物治療も、心理カウンセリングに並行して実施しています。経過は比較的順調です。

日常生活では、できるだけ人ごみを避け、休日などには郊外に出て、自然に触れ合うことをしています。自然界の音は不快に感じないようです。

この事例のように、心地よく生活できる環境をセットすることも大切です。環境面の整備もＨＳＰで〈生きづらさ〉を感じている人には効果的なことがしばしばあります。

薬物治療、精神療法、環境調整などを駆使し、総合的に、かつ包括的に治療を進める場合も少なくありません。

事例 3

嗅覚や味覚の過敏さ

41歳男性。自営業（レストラン経営）。生まれつき、嗅覚や味覚は人よりも感覚が優れていた。人との関係性を構築するのがとても苦手で、総じて人嫌いである。しかしながら、仕事の関係上、少しずつ自己修正し、人とのつきあいも上手くなってきたが、今度は、相手に嫌われているのではないかと神経過敏になる始末である。

昔は鈍感であったが、今は敏感すぎると自己評価している。昔の度重なるトラウマによって彼は変化してきた。

解説

事例3として、味覚・聴覚の過敏性を呈する事例を示しました。

興味深いのは、かつては鈍感であったと自認する人が、〈生きづらさ〉を感じ、それが幾度となく精神的な外傷として、とても深く強く残っている点です。そのために、鈍感であった人が、他人に気遣いをするようになり、ひいては敏感になっている点です。

これは、昔はＨＳＰとは言えなかった人が、徐々にＨＳＰ傾向を示し始めたのかもしれません。もしかすると、昔からＨＳＰ傾向が強い人が、心の防衛として鎧（よろい）のようなものをかぶり、鈍感さを装っていたのが、徐々にその鎧を脱ぐ回数が増えて、ＨＳＰ傾向が見えやすくなってきた可能性もあります。

本書では、紙面の都合もあり、すべての〈生きづらさ〉を列挙することはできないかもしれませんが、紙面の都合が許す限り、〈生きづらさ〉のチェックノートとしての役割を担うことができれば幸いです。

2 〈とても敏感な人たち〉いわゆるＨＳＰとは？

マスメディアで流行のＨＳＰという言葉

最近、ネットなどのマスメディアで、ＨＳＰ（Highly Sensitive Persons）という言葉を耳にする機会が増えているように思います。

日本語に直せば、〈とても敏感な人たち〉になります。

そもそもＨＳＰとは、米国の心理学者エレイン・Ｎ・アーロンによって提唱された心理学的概念です。ＨＳＰには、以下に挙げる４つの特性「ＤＯＥＳ（ダズ）」があります。

D（Depth of Processing）：物事を深く考え、処理・行動する

・すぐに結論を出せるようなことも、多彩な観点からじっくり考える
・あれこれ考えをめぐらせるため、なかなか決断・行動できない
・物事を深く掘り下げるため、知識が豊富　など

O（Overstimulation）：過剰に刺激を受けやすい

・大きな音や人混みが苦手
・過剰に驚く
・芸術や音楽などに感動しやすい
・些細なことに傷つきやすい
・ひとりになる時間や静かな時間が必要　など

E（Emotional Response and Empathy）：全体的に感情の反応が強く、共感力が高い

- 感情移入しやすく、他者の不幸や悲しみを自分のことのように感じ、傷つく
- 他者の感情の影響を受けやすい
- 涙もろい
- 人の気持ちや考えていることがよくわかる　など

S（Sensitivity to Subtleties）：些細な刺激を察知する

- 些細な音や匂い、味がわかる
- チクチクする素材の衣服が苦手
- 人や場所などの外見上の小さな変化に気づく
- 強い光や日光のまぶしさが苦手　など

これらＨＳＰの特性は、持って生まれた気質です。ＨＳＰの人は、周囲の環境にとても敏感であるがゆえに、人一倍気疲れしやすく、〈生きづらさ〉を感じることが多いのです。

ただ、ここで注意してほしいことがひとつあります。

ＨＳＰのＰは、Persons であり、〈人たち〉ですという点です。

つまり、病気などの診断名ではなく、〈とても敏感な人たち〉が世の中に少なからず存在するという、当たり前すぎる表現が、ＨＳＰ（Highly Sensitive Persons）〈とても敏感な人たち〉になります。

人間を敏感、鈍感という言葉で大別すれば、敏感な人たち、鈍感な人たち、どちらでもない人たちに分類することができます。

もし、何かの変数を加えれば、さらに細かく分類することが可能です。

５人に１人はＨＳＰであると言う人もいますが、いかなる基準でＨＳＰとしているのかがとても不明瞭です。

切り方によっては、80％はＨＳＰになります。

ある切り方では、数パーセントになります。

ＨＳＰの定義自体に主観がかなり混入しているということになります。

精神科や心療内科で外来治療をやっていると、「私はＨＳＰでしょうか？」と尋ねてくる人がときどきいます。

鈍感な人よりも敏感であるからこそ、人より悩みやすいのでないかと思います。私たちは鈍感な人よりも敏感な人、ＨＳＰと呼んでもいい人にしばしば出会います。

鈍感な人が受診しないという意味ではありません。

鈍感な人でも精神的に苦しむことがあり、自ら受診に至る人もいれば、その周囲の家族や職場の人たちがその鈍感さに呆れてしまい、精神科や心療内科の受診を勧めることもあります。

では、ここで言う〈敏感〉とは？

では、対照的に〈鈍感〉とは？

人間は、すべてが敏感、すべてが鈍感な人は非常に少ないように思います。

ある側面は敏感で、そこに生きづらさなどを感じれば、「私って、敏感なＨＳＰだから…」という、世の中の生きづらさに対する言い訳にできます。

「世の中は生きやすい」という人はそういないように思います。

多くの人が生きづらいが、精一杯頑張って生きているのが現実ではないでしょうか？

生きやすいと断定できる人は、真の生きづらさの壁にぶつかっていない人にすぎない可能性もあります。

言葉の一人歩き

少し理屈っぽい話になりますが、HSPという「言葉」だけが一人歩きしているような気がします。

本書では、HSPという言葉を整理することから始めます。

○×症候群のように、明確な定義のない言葉が流行り始めると必ず伴う問題です。

最初に書いておく必要があることは、〈病気（疾患）〉と〈状態像〉の違いです。

前者は、がん、高血圧、糖尿病などの誰でも知っている身体の病名もあれば、うつ病、不安障害、発達障害などのように心の病の病名もあります。

これらの病気（疾患）には、医学上の診断基準が設定されています。だからこそ、○×病、△□病と命名しているわけです。もしそれらの基準がなければ、大混乱が起きます。交差点に信号がなく、あちこちで車同士の衝突が起きるようなものであり、映画の1シーンのようです。

これに対して、〈状態像〉はあくまでも境界線がとても曖昧であり、明確な基準がありません。例えば、うつ状態とは、うつ傾向がそれなりに存在し、うつ病の可能性はあるが、うつ病と確定診断まででできない状態であり、暫定的な仮の診断名のようなものです。

わかりやすい例えで言えば、登校拒否や不登校、出社拒否は病名ではなく、学校や職場に行けないという状態を示した言葉であり、医学的な用語ではありません。
それゆえに、一般的に、医学のひとつである精神医学の専門家である精神科医の多くは、HSPという用語を使いたがらない傾向があるように思います。しかしながら、病気や疾病とは少し距離を置いた立場の人文系出身の心理学を専門とする人たちは、そうではないことがあるのです。

どちらかが正しいということを言っているのではありません。

りんごを真上から切るのか、斜めに切るのか、真横に切るかによって、その断面図は異なります。富士山を静岡県から見るのと、山梨県から見る、東京の高層ビルから眺める、飛行機の窓から眺めるのとでは、景色はすべて違います。同じ富士山であるとしても…。

明確な基準が必要であるが…

△□病となれば、必ず明確な基準が存在します。
とくに身体医学の領域では…。
ところが、精神医学の領域では、明確な診断基準を設定しても、言葉による操作的な基準であるがゆえに、A医師はうつ病、B医師は発達障害、C医師はパーソナリティ障害と診断するといったような大きなずれが生じます。

例えば、先天的に発達障害の遺伝的な素因を受け継ぎ、発達の凹凸がみられた人がいたとしましょう。その人の両親いずれも発達の凹凸が激しく、その人の幼少期に上手に愛着を注ぐことができない結果、親子関係の軋轢（あつれき）がとても強く、パーソナリティ障害圏内の精神病理も後天的に併せ持つことになります。しかも、就労先のストレスで、上司や同僚との対人関係が上手くいかずに不適応を呈し、最終的にはうつ病などの気分障害や不安障害の精神身体症状を呈しています。

わかりやすく言えば、次ページの図1に示したようになります。

発達障害は先天的に一次障害として生じます。その程度は実にさまざまです。純度１００％の完全なものもあれば、例えば、30～50％前後の特性を持つグレーゾーンレベルや、診断学的には発達障害の診断基準は満たしたとしても軽度のものもあります。

ところが、両親の両方、あるいは両親のどちらかも同様に、発達の凹凸を持っていた場合、子どもたちに上手く愛着を注げないなどの理由から、二次障害として愛着障害を呈したり、虐待などにより性格特性に歪みが生じたりするなど、パーソナリティ障害を二次的に引き起こす可能性も十分にあります。

さらに学校や職場でいじめやパワハラ被害を受ければ、それが引き金となり、三次障害として、うつ状態、不安状態を呈することもあります。

図１　一次障害の発達障害と二次・三次障害

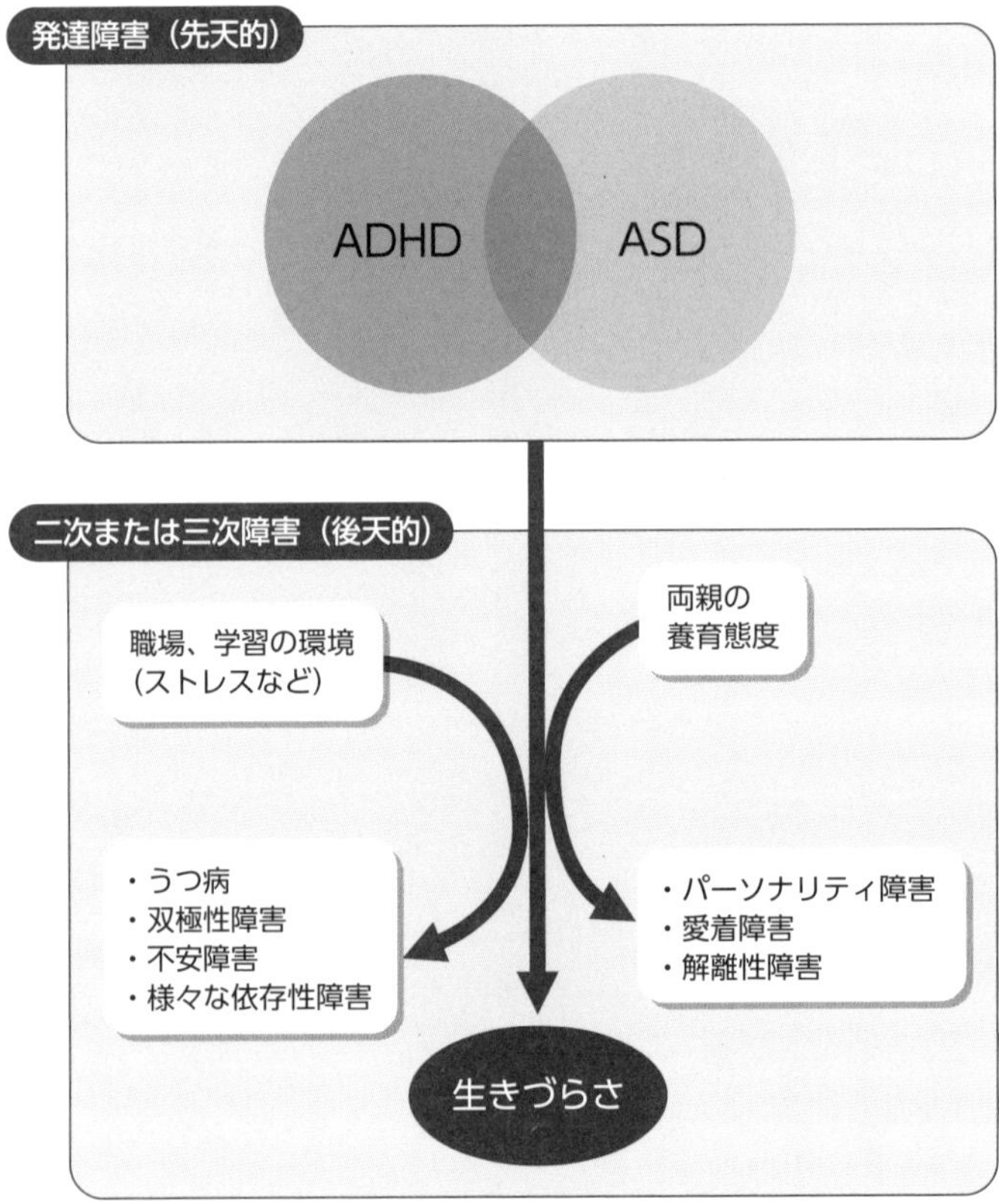

千葉テストセンター、福西勇夫 2021 より引用

以上のように、発達障害は一次、二次、三次障害まで発展することがあり、しかも両親との関係性、職場での適応に関連するストレス性の諸問題を始め、先天的（遺伝的）要因、環境的要因、心理的要因が複雑に絡んできます。

それをわかりやすく図1に示しました。

実際はグレーゾーンが多い

しかしながら、実際の医療現場などでは、ＨＳＰに関してもグレーゾーンに位置する人は少なくありません。

これをＨＳＰの概念に照らし合わせてみましょう。

例えば、先に述べたＤ、ＥというＨＳＰの特性は当てはまるが、Ｏ、ＳというＨＳＰの特性は当てはまらないことも、ごく普通に起きます。

なぜなら、性格特性上の〈敏感さ〉は遺伝的に見て、先天的な要因をもつがゆえに、ある側面は敏感、ある側面は鈍感という両面を持つこともしばしばです。

ある部分は、母方の遺伝子、ある部分は父方の遺伝子、またある部分は…という話は、生まれた赤ちゃんを育てた経験のある方なら容易に想像がつくと思います。

むしろ、すべてのＨＳＰの特性を兼ね備えた、純度１００％の純粋なＨＳＰという人は少なく、部分的にその傾向がある人が大勢います。

第2章

HSPを細かく整理するトライアル

1 HSPを再度整理してみる

敏感であるということは、ある刺激に対して鋭く反応することも意味します。

ここで見逃しやすい点があるように思います。

「何に対して」敏感であるかです。

〈対人関係上の敏感さ〉から生じる感情のアップダウン、対人緊張や対人不安のような類なのでしょうか？

〈非対人関係上の敏感さ〉——例えば、最もわかりやすい敏感さと言えば、人間が生まれながら持ち合わせている感覚器、いわゆる**〈五感の敏感さ〉**なのでしょうか？

感覚器以外の敏感さで、比較的理解しやすいものとして、人ではなく、**〈物（例えば、芸術性あふ**

れるもの〉に接した際に生じる敏感さ〉である、創造性（クリエイティビティ）やイマジネーションにみられることもあるかもしれません。

これらもＨＳＰのひとつと言えるように思います。

つまり、

①対人関係上の気遣いなどの疲れ、対人不安や対人緊張
②感覚器の敏感さ
③非対人関係上のクリエイティビティやイマジネーションなどの敏感さ

いずれかの特性を持っているのか、あるいは、①～③のいずれも持ち合わせているのでしょうか？

①も二つに分け、対人緊張や対人恐怖と呼べる水準なのか、気の遣いすぎといった水準なのかを判別する必要性があります。

これは個人個人によって、かなり違いがあるように思います。

③のクリエイティビティやイマジネーションの敏感さについて触れておきたいと思います。

過去の類書をみても感じますが、芸術性の豊かなものに対する感受性が高い人が、ＨＳＰに数多く存在するのではないかという点です。

そして、広く浅くよりも、ポイントを絞って、狭く深くのほうが得意である。

鳥かごのように自由度のない世界では実力を発揮し難い。

物事に感激しやすく、敏感であるがゆえに罪悪感を持ちやすい。

などの特徴もあるように思います。

以上のHSPの特性をいかに解釈するかはとても重要なポイントになります。

一見、発達障害のASDに近い特性を持っている人が、そうでない部分もたくさん持っていることがあります。

例えば、父親が純度80%のASD、母親は真逆の社交性のある感受性豊かな女性のカップルに生まれてくる子どもは、遺伝学的に見ても、

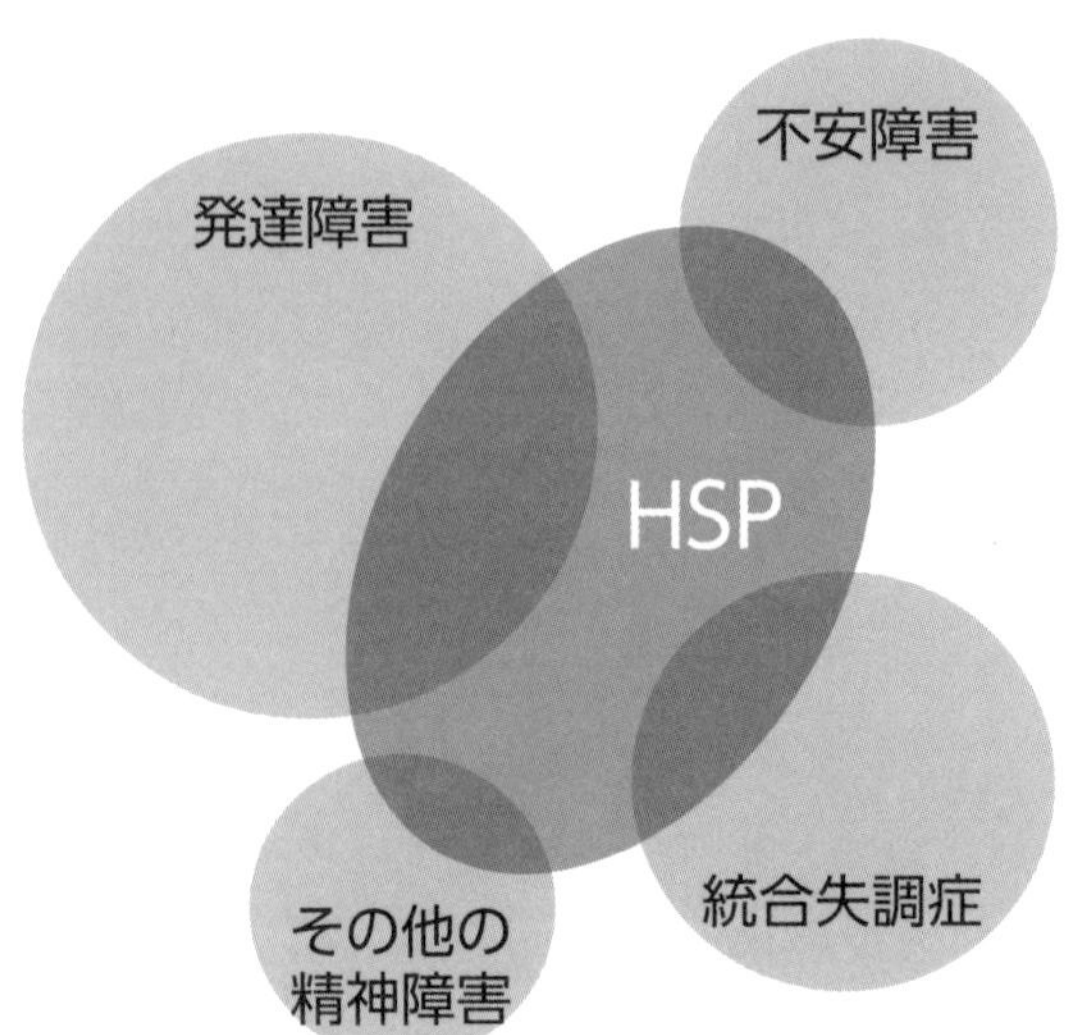

図2　HSPと各種の障害の重なり

両方の特性を備えることもあります。

つまり、ＡＳＤの特性をいくつか持っているが、その一方でＡＳＤでは考えられない特性も有するということになります。

本書では、流れをできる限り整理し、クリアに話を進めさせていただきたいと思います。

2

感覚器をひとつひとつ考える

感覚器の敏感さ

生物は、視覚や聴覚を始めとした、さまざまな感覚を持っています。

もちろん、人間も同様に多種多様な感覚を保持しています。

ただ、生物によって、その中身は多少異なるかもしれませんが？

人間においても、感覚器の敏感さには驚くほどの個人差が先天的に見られるケースがよくあります。

ここでは、明暗に対してとても敏感な人のケースを示します。

事例４

光がまぶしい

28歳女性。気分の落ち込みを訴え来院。表面上は、いわゆるうつ状態を呈していたが、話を細かく聞くと、光がまぶしくて、昼間はサングラスをかけないと外出できない。自閉傾向が強く、大学は何とか卒業したが、社会に適応できない。実家の自分の部屋では、昼間はいつもカーテンを引き、閉めきったままであると言う。

友人はほとんどいない。インターネットを使い、ネット上の知人はそれなりにいる。今日は、思い切って、まぶしく感じる日中に受診するに至った。

解説

事例4として、光をまぶしく感じ、明るい場所に出づらいという〈生きづらさ〉を提示しました。視覚過敏であり、明暗に対する敏感さを持っています。その一方で、対人関係上、対人不安や対人緊張を生じやすく、しかも周囲が自分をどう見ているのかなどの比較をするという性格特性もあります。

しかし、人嫌いではありません。人と接触するのは苦手ですが、共感性は兼ね備えています。音楽や美術などの芸術的なことも大好きで、アートに対する繊細さも持っています。

いわゆるＨＳＰの典型例のひとつです。

ここまでにご紹介した4事例のなかに、感覚器の過敏さを示す事例を3例提示しました。事例2は聴覚の過敏性、事例3は嗅覚・味覚の過敏性、事例4は視覚の過敏性でした。もう一度、振り返って、ＨＳＰの人たちが、いかに感覚器の過敏さを持っているかを示します。

〈視覚〉

- 昼間からサングラスをかけないと光をまぶしく感じ、外出できない人
- 部屋の蛍光灯がまぶしくて、部屋の中を薄暗くしている人
- 平面図から立体化したものを頭の中に描くことができる人
- 人や物との距離感を測るのがとても上手なので、混雑した場所でもスイスイと擦り抜ける人

〈聴覚〉

- エアコンや置時計の動く音でも気になって仕方ない人
- マンションに住んでいて、離れた部屋のリフォームの工事音でも響く人
- 些細な生活音でも拾う人
- 電車の中でも人の些細な会話が聞こえてくる人

〈**嗅覚**〉

- 人が感じないような臭いでも嗅ぎ分けることができる人
- 消臭剤でも少しでも臭いが強いと、その場から逃げ出したくなる人

〈**味覚**〉

- グルメで味にうるさい人
- 少しでも味が変わるとすぐにわかる人
- 外食でB級グルメは食べることができない人

〈**触覚**〉

- 後ろから驚かされると、とても驚く人
- タートルネックのセーターは首筋がチクチクするなど、不快に感じる洋服が多い人
- 内科などで喉の奥を触られるだけでも反射を起こしてしまう人

・人に少しでも触れるとビクッとする人

〈皮膚感覚〉

・マッサージなどで他人の感覚を掴むのが得意である人
・スケート靴を履いても、裸足のような感覚でいるような人
・気圧、湿度、気温などの変化に影響を受けやすい人

以上のような感覚をお持ちの人たちは、周囲の人が感じる感覚の平均値よりも高い、すなわち研ぎ澄まされた感覚器を持たれている可能性があります。

例えば、聴覚の過敏なＨＳＰの人たちは、耳栓でもしないと日常の生活音で悩むことが多々あります。マンションのちょっとしたリフォーム工事でも耐え切れないこともあります。

感覚器の敏感さは、遺伝的に祖先から譲り受けた感性なので、本人には責任はありません。生まれてくる子どもたちは親を選ぶことはできません。運命としか言いようのない感性の敏感さのひとつか

もしれません。

しかし、その過敏な感性を活かすことができれば、その人の人生が劇的に好転することもあります。

例えば、聴覚の過敏であれば、音楽家、指揮者などの音楽関係の仕事に活用できている人は数多くいます。逆に言えば、音楽関係の仕事でプロフェッショナルにやるとすれば、かなりのレベルの聴覚の敏感さがないと難しいかもしれません。

ＨＳＰのなかでも、聴覚の過敏性がなければ、いい音楽家になるには大変な苦労を要し、とても大きな障壁にぶつかる可能性が大いにあります。

努力はもちろん必要であり、とても重要です。

しかし、努力だけでは補うことができない天性の部分も決して小さくないということになります。

医学的に言えば、遺伝性です。

視覚の過敏であれば、美術関係、デザイン関係などの視覚をフル活用する仕事に向いているといえます。

スポーツも同様です。

距離感を測ることに長けている空間認知に関連した視覚機能があるとないとでは桁違いです。

プロスポーツで例えるならば、そういう卓越した視覚の能力に加え、優れた運動能力を持つ人の集団の中で生き残りをかけて闘うわけですから、尋常ではない厳しい世界のように思います。

アートの世界も同様で、プロフェッショナルの世界では、致し方ないことのように思います。嗅覚や味覚の過敏に関しては、料理人やワインのソムリエに最適かもしれません。

味覚などは、とくに幼少期に鍛えておかないと…ということを耳にすることがあります。先天的に味覚や嗅覚が優れていて、幼少期から美味しい食べ物や飲み物の味や匂いに関して鍛錬することができれば、最高のように思います。

このように、先天的・遺伝的な要素に加えて、後天的な要因も絡んでいる可能性もあります。ただ、成人後では遅く、幼少期でないと間に合わないこともあるようです。

以上、感覚器の敏感さに関しては、先天的な要因が強いことはおわかりいただけたかと思います。

もろ刃の剣

ある意味、ＨＳＰに伴う〈生きづらさ〉は、もろ刃の剣のようなものです。

ある感覚の過敏性が長けると、〈とても敏感な人たち〉であるＨＳＰ(Highly Sensitive Persons)に近づく可能性があります。その結果、人生のなかで〈生きづらさ〉を強く感じます。もし、幸運にも、正に転じれば、誰にも負けない才能に発展することもあります。

最も重要な点は、その過敏性であるＨＳＰの特性を活かすも殺すも、その人次第だということです。運も実力のひとつであり、運を味方にしないといけないように思います。

人との出会いに恵まれ、感覚器の敏感さを長所として生かして、大成功を収めている人もいますが、その敏感さを上手く活かせずに、人生の〈生きづらさ〉に終始している人も大勢います。

一般的には前者よりも後者のほうが圧倒的に多いと思います。

しかし、決してあきらめないという気持ちが大切です。

その他にもいくつかの過敏性が知られていますので、ここで示しておきます。

〈回転覚〉

高飛び込み、スカイタイビング、体操競技などは、人間の身体を回転させないといけないスポーツですが、平衡感覚のなかでも回転覚が長けていないと到底できないように思います。逆にこの感覚が敏感

であれば、自分にはいとも簡単にできるのに、他の人はどうしてできないのだろう？と首をかしげるかもしれません。

〈振動覚〉

数キロ先の振動を鋭く感じることができる人がいます。

映画などでは、鳥などを始めとした生物が、振動覚を通じて身の危険を感じるシーンを目にすることもあります。

どういう遺伝子の伝播なのかわかりませんが、人間でもそういう生物のように振動覚が敏感な人がまれにいます。

〈痛覚〉

痛覚に関しては、とても個人差が激しく大きいように思います。

例えばスポーツ選手は、野球のデッドボール、ラグビーのスクラム、ボクシングの強烈なパンチなどで痛いなどと言っていたら話になりません。多少の痛みは、得意の鈍感さで我慢しないといけません。

世界各国の軍隊や日本の自衛隊でも同様です。

多少の痛みで痛いなどと言っていたら、上官にひどく怒鳴られるでしょう。

これに対して、痛覚が過敏な人は、少し手足をぶつけただけで、「痛い…、骨折…?」と大騒ぎすることでしょう。トラブルの原因になることもしばしばです。軽くプッシュしたにすぎない場合でも、激しい暴力行為を受けたと裁判沙汰になることがあります。

〈方向感覚〉

方向感覚に優れた人では、目で見たものを忘れることができないがゆえに、些細な刺激で、そのときの映像が蘇ってくるという、視覚とイメージングの

複合のような能力を持っていることもあります。

歴史上の人物ですが、日本地図を作った伊能忠敬（いのうただたか）という誰でも知っている人がいます。日本史の有名人です。御存じのように、彼は五十歳をすぎてから、自分の歩幅から計算して、日本中を歩き回って日本地図を作りました。

これは離れ業としか言いようがありません。

彼の脳のなかには、磁石が備わっているようなものです。方向感覚に長けていなければ、とても達成できることではありません。

正反対に、方向音痴ですぐに迷子になる人がいます。

方向音痴の人は視覚機能が総じて弱く、マーカーとなる目印をつけない人が多いように思います。たいていの人は、建物などマーカーとなる目印を頭の中に作成し、方向を確認します。別の見方をすれば、言語聴覚系機能が長けていて、視覚機能が苦手な人は、この種の傾向を示すことがあります。

伊能忠敬の場合、現代では六十、七十歳に相応する年代に日本地図の作成に取りかかったのだから驚きしかありません。しかも、先ほど言いましたように、方向感覚が異常なレベルにまで長けていたという点に加え、距離間を正確に測る空間認知に関する能力も長けていたように思います。

彼の場合、少なくとも以上の２点はＨＳＰと言わざるを得ないような気がします。〈生きづらさ〉

に関しては、歴史学の専門家ではない私が述べることはできません。もしかすると、単なる推測ではありますが、現代社会のように複雑な対人関係がなかった時代に生まれた彼は、幸せだったのかもしれません。

3 対人関係上の敏感さ

次に、ＨＳＰの代表的な特性である、対人関係の敏感さについて考えてみましょう。

すでに事例1（17ページ）に対人関係上の過敏さで〈生きづらさ〉を感じる事例を提示しました。事例3（28ページ）は感覚器の過敏性に端を発していますが、結果として、事例3も対人関係上の〈生きづらさ〉を感じていました。

まず最初に、対人関係上で生じる緊張や不安について分類します。

①人の気持ちを察し、裏を読み、気遣いできる人たち
②ＡＳＤの二次障害にみられる対人緊張、対人不安
③不安障害レベルの対人緊張、対人不安

❶ 人の気持ちを察し、裏を読み、気遣いできる人たち

男性よりも女性の方が長けている性格特性のひとつです。

日本的に言えば、いわゆる〈おもてなし〉に近いものかもしれません。


男性同士の場合、裏を読んで話を進めることは、女性同士に比べると格段に少ないように思います。ビジネスであれば、男性同士であったとしても相手に対する配慮はもちろん必要です。

ですが、プライベートの場合は、女性に比べ、遥かに鈍感な男性同士であるので、裏を読めなくてもシンプルに対人関係を構築しやすいこともあるように思います。


これに対して、女性同士は大変です。

小学生低学年の頃から、裏を読みあい、相手を傷つけないように配慮します。相手の気持ちを察し、適切な配慮ができれば、仲間外れにされずにすむかもしれません。

女性であれば当然なのかもしれませんが、男性からすれば、とても真似できない女性の芸当のひとつです。

男の子であれば、ゲーム機をひとつ与えておけばいいという単純な生活ですが、女の子の場合はそ

ういう簡単なものではありません。

見方を変えれば、先ほど述べたように、日本人女性特有の〈おもてなし〉のひとつです。相手の気持ちを十分に察知して、相手に不快な思いをさせないのもそうです。

日本人女性は、外国人女性からすれば、信じられないほどに群れます。自分の味方になる集団・グループを作ることが、女性の生命線のひとつだからです。

江戸時代に大奥を創った春日局は、改めて凄い女性であったと思います。女性のなかで序列社会の基礎を作ったわけですから…。

男性であれば、女性ほど群れることはないように思います。しかし、ビジネスや政治などの利権が絡めば、当然のように群れて、保守的な方向に走るのが人間です。

日本人女性で群れる、すなわち派閥のようなものを作る傾向は至る所でみられます。そして、その群れから仲間外れにならないように気を配り合います。しかも、小学生レベルで群れる傾向がみられ始めるという点は、男性からすると信じがたい現象です。外国人女性からしてみても、そのような群れる傾向に驚きを示します。

日本人女性にしてみれば、ごく普通の行動と思っているとしても…。

優越感と劣等感

日本文化の最たる特徴のひとつとして、自分と人を絶えず比べるという比較文化が根づいています。外国人が人と自分を比べないということではありません。絶えず周囲の状況を見て、比較するという度合いが強いということです。

そこで生じるのは、優越感と劣等感です。

日本人は外国人に比べ、優越感と劣等感の心理的な渦に巻き込まれるレベルが強いように思います。言い換えれば、不安や緊張が強いということです。

優越感や劣等感の根底には、不安と緊張が必ず存在します。とくに、対人不安や対人緊張が強い人は、絶えず自分と他人を比較し、自分の相対的な立ち位置を確認しています。

穿(うが)った見方をすれば、日本は外部から侵略されにくい島国です。平和で治安も悪くない居心地のいい国です。

もし、朝鮮半島が九州につながっていて、日本が大陸の一部であり、陸続きであったなら、今の日本文化は大きく変化していた可能性があります。

大陸の血が入り混じり、しかも寝首をかかれてはという不安を絶えず持ちながら、魑魅魍魎(ちみもうりょう)が跋扈(ばっこ)

するような世界になった可能性があります。

ひとつ間違えば、ＨＳＰは弱者のひとつであり、ＨＳＰの概念に関する議論さえも出てこないかもしれません。

❷ ＡＳＤの二次障害にみられる対人緊張、対人不安

①の気遣い、人の気持ちを察することとは真逆の特性が、発達障害のひとつであるＡＳＤです。
ＡＳＤは、人の気持ちを察することができない、裏を読めないなどの特性を持っていることが多いとされています。しかし、それは純度１００％の完全なＡＳＤの場合です。

確かに、中等度～重度のＡＳＤの人たちは、人の気持ちを察するのはとても苦手です。ところが、その一方で、人の気持ちを読めない自分に気づき、人の気持ちを読むことに神経過敏になっている人も大勢います。

単純に空気を読めないのがＡＳＤと即断するのは非常に危険です。

ＡＳＤと診断できるような人のなかにも、人の気持ちを察することができないために、仲間外れをされて、群れから外され、精神的に苦しい思いをした人は数えきれないほど多いように思います。

たとえ、正確に空気を読めないとしても、精一杯頑張っている人たちは実に多いのです。過去に大きな精神的外傷（トラウマ）を持つと、二度とそういう辛い思いをしたくないという気持ちが自然に働きます。

そういう無意識レベルの心の防衛機制に気づかずに、自分は人に人一倍気を遣っていると思っている人たちもいます。そうなると実際はＡＳＤ圏内の人でありながら、ＨＳＰの特性のひとつである共感性はある、人一倍気を遣っているのが自分であると思い込んでしまうこともあります。

気を遣っているといっても、ただ単に本人の不安や緊張が異常に高まり、神経を擦り減らしているだけで、周囲の人たちからすれば、「全然空気を読めていないよ…。でも、それを言葉にはできないよね…」ということも起こり得るのです。

そのずれを正しく読めるかどうかも大きいと思います。

3 不安障害レベルの対人緊張、対人不安

ただ単純に、不安障害レベルの対人不安、対人緊張もあります。

不安障害では、心の中の不安や葛藤が、対人関係上にみられることもあれば、パニック発作、強迫

性障害、ＰＴＳＤ、全般性不安障害として顕在化することもあります。不安が多岐に及んで表出されるという意味です。


人間である以上、誰でも大なり小なり不安を抱えて生きています。

不安を全然持っていない人は存在しないと思います。

不安を感じないと言う人は大勢いますが、不安を感じないだけにすぎず、心の中には不安が渦巻いていることが少なくありません。

一般的に女性は自己の不安を認知するのが巧みであり、共感性という形で不安の埋め合わせを周囲に求めます。これに対して、男性は不安を持っているということ自体が、プライドを傷つけてしまうので、不安は持っていないと表現する人がたくさんいます。

不安の代わりに、イライラ感を強く訴えることが頻繁にあります。イライラは不安の裏返しであり、男性にみられやすい不安の表現です。もちろん、女性でもイライラ感を男性のように表現することもあります。女性であれば、身近な人に「やさしくしてほしい」などと依存性をはっきりと表現する人もいます。パニック発作、強迫性行為、身体症状などで不安を強く表現する人も少なくありません。

表現方法は様々ですが、いずれも不安を持っている証左です。

ＨＳＰとの関連性で大切な点は、その不安がどこから来ているのかです。

第3章

心の病とHSP

1 発達障害とHSP

発達障害とＨＳＰの関係について検討しましょう。

本書の中で最も重要な部分のひとつかもしれません。

発達障害と一口に言っても、最新の発達障害の分類は実に多岐に及んでいます。

もちろんその双璧は、自閉症スペクトラム障害であるＡＳＤ（Autism Spectrum Disorder）と注意欠如多動性障害であるＡＤＨＤ（Attention Deficiet Hyperactivity Disorder）です。ここではＡＳＤとＡＤＨＤの特徴について、簡単に説明しておきましょう。


ＡＳＤは、①対人的なコミュニケーションの苦手、②常同性、③感覚過敏や感覚鈍麻の３つの特性を特徴とする障害です。

対人的コミュニケーションの苦手とは、いわゆる空気が読めない、他人の気持ちがわからないということです。ＡＳＤの人は、言葉の裏に含まれた意図を読み取ることができないため、皮肉やたとえ話を文字通りに受け取ってしまいます。本人も思ったことをストレートに口にしてしまうため、相手を怒らせたり、傷つけたりしてしまうことがあります。このようなコミュニケーションの苦手から、ＡＳＤの人は自らひとりでいることを好む傾向があるのですが、逆に周囲の人が離れて行き、意図せず孤立してしまうこともあります。

常同性とは、異常なほどにこだわりが強く、変化を極度に拒むということです。決まった食べ物以外は口にしない、通学や通勤は同じ経路でないと気が済まないなど、こだわりの対象は人それぞれです。説得されても譲ることができず、予定が急に変更されると混乱し、臨機応変に対応することができません。

３つ目の感覚過敏・感覚鈍麻とは、特定の音や光、味や匂い、感触に過敏であったり、逆に鈍感であったりするということです。まさにＨＳＰの特性と重なるようにも思えます。感覚過敏や感覚鈍麻は、日常生活に支障を来す場合もありますが、先にも述べたように（第2章第2項）、特定の分野で類稀（たぐいまれ）な才能を発揮することもあるのです。

ＡＳＤのなかには、障害が軽度であったり、知的能力が高かったりして、大人になるまでＡＳＤが発覚しないケースもあり、本人は生きづらさを抱えながら苦労して適応しているケースも少なくありません。

ＡＤＨＤは注意力の欠如、衝動性、多動性を特徴とする障害です。

注意力の欠如は、忘れ物やなくし物、遅刻やケアレスミス、人の話を聞いていないなどの問題につながります。衝動性は失言や暴言、軽はずみな行動などに、多動性はじっとしていられない、しゃべりすぎるなどといった行動につながります。ＡＤＨＤであることに気づかれない、あるいは理解がされないと、周囲から「やる気がない」「いい加減なやつだ」などと厳しい評価をされがちです。

一方で、ＡＤＨＤの人は興味や関心のあることには過集中する傾向があります。興味関心が非常に強い分野の職に就くことができれば、才能が開花しやすくなるといえます。

発達障害には、その他にもＬＤ（学習障害）や知的障害、コミュニケーション障害、運動障害などさまざまなものがありますが、本書では、ＨＳＰに最も関係性の深いＡＳＤ、ＡＤＨＤとＨＳＰとの関連性に限定し、お話しします。

まず最初に、ＡＤＨＤ、ＡＳＤを呈する事例をそれぞれ一例ずつ示します。

事例 5

ADHD

19歳男子。大学一年生。一浪して今年入学。大学受験に際して、暗記が大の苦手であり、覚えてもすぐに忘れてしまう。今では覚える作業でさえも回避している。その反面、暗記科目でない物理や数学は得意。国語は長文問題ができない。

注意散漫のみならず、衝動性や多動性もある。ここ数年、ゲーム依存が強く、暇があればゲームに没頭している。小学生の頃は、親の財布からお金を盗むなどの行動がみられたが、最近は親が財布を目に届かないところに置くように工夫している。

幸いにも、ＡＤＨＤ用の薬剤が奏功し、大学受験はクリアできた。その一方で、友達づきあいは良く、友達は多い。注意散漫な点が幸いしているのか、周囲の友達は天然系の彼とつきあうのは、嫌なことを言われないので楽であると言う。しかしながら、彼は彼なりに努力して周囲への気配りや共感性を持ち、頑張っている。彼自身、人への過敏性も持ち、自分で自分をＨＳＰの特性があると訴える。

解説

事例5は、発達障害のなかでも最もよく知られるＡＤＨＤの事例です。覚えるのが苦手ですぐに忘れてしまいます。例えば長文問題になると、最初のほうの文章を忘れてしまって、今何を読んでいるのかわからなくなることもあります。

本例の場合、衝動性や多動性も伴っています。しかもＡＤＨＤの特性のひとつである、何かにはまりやすい傾向もみられます。

運よくＡＤＨＤの治療は薬物治療で奏功しています。性格的には、気配りなどの対人関係はむしろ良好な事例であり、対人関係上は大きな問題点はなさそうです。ＡＤＨＤのなかには瞬間湯沸かし器のように些細なことで怒りを表現する人も少なくありません。その傾向は男性に多く、女性は正反対に天然系の人がたくさんいます。

しかしながら、本人も認めているように、ＨＳＰ傾向は明らかに存在するという事例です。もしかするとＡＤＨＤ優位であるが、ＡＳＤの傾向も持ち合わせ、両者の併存の可能性も十分にあります。

つまり、診断学的にはＡＤＨＤですが、感覚過敏などのＡＳＤの部分症状を伴っているのかもしれません。こういう事例は数多く存在しています。

事例6 ASD

13歳女子。中学一年生。人とのコミュニケーションが苦手。とくに人の気持ちを察することができないし、空気が読めないことを訴える。言語優位のASDの疑いがあり、WAISなどの検査でも発達の凹凸があり、ASDと確定診断された。治療的には心理カウンセリング中心に実施している。

彼女の話では、女子と話をするのが苦手であるが、男子とは話ができる。ここ数年、人の気持ちを察するのが苦手であり、それがばれないようにするために、とくに女子の中では聞き役に廻っている。周囲の人たちは、聞き役になってくれる彼女の敏感さを歓迎している。

解説

事例6は、いわゆるかつてのアスペルガー症候群、今ではＡＳＤと呼ばれる発達障害であり、ＡＤＨＤと同様に、発達障害の代表的な事例です。なお、言語優位とは認知特性のなかでも言葉を理解する能力や言葉で表現する能力、言葉を使って考える能力などが優れているということです。ＷＡＩＳ検査という知能テストでは、視覚や聴覚などの知覚を統合する能力や、言語を理解する能力などがそれぞれ数値で示され、発達の凹凸があると、これらの数値にも偏りがみられます。

この事例は、相手の気持ちを察するのが苦手である自分を、周囲の女の子に悟られたくないために、女性と話をするときは上手に聞き役に廻ることで、女性に人気を博するコツをつかみました。それまでは、鈍感でストレートな話し方をする男の子とは話はできましたが、細かい部分を察するのはどちらかと言えば苦手でした。

ＷＡＩＳ検査などでは明確に発達の凹凸があり、発達障害圏内に位置しています。しかしながら、彼女自身の努力で、共感性などの人の気持ちを察する苦手な部分を克服し、今ではむしろ人にとても敏感で、対人関係上、不安や緊張は人一倍強いのですが、ＨＳＰ傾向が「隠れＨＳＰ」のように存在しています。

ＨＳＰ（Highly Sensitive Persons）は、直訳した場合、〈とても敏感な人たち〉になることはすでに述べました。

ただ、注意してほしいのは、再三再四繰り返して述べていることですが、ＨＳＰという概念は極めて主観的なものであるということです。しかし、客観性がゼロというわけではありません。主観性が優勢であるが、客観性もあるように思われます。

つまり、自分が自分を評して、〈とても敏感な人たち〉と訴えている人が多いという点です。

第三者から見れば、敏感な人たちではないにも関わらず、本人は〈とても敏感な人たち〉と思っているにすぎない場合もあり得るのです。

それゆえに、ＨＳＰの傾向があるかどうかの見極めは、とても慎重に行うことが求められます。

ＨＳＰの代表的な特徴を整理すれば、

①過剰な刺激を受ける
②強い情緒的な反応を示す
③些細な刺激でも反応する
④とても深く考え、洞察する
⑤共感性が高い

などを指摘する専門家が多いようです。

これらのうち、

①過剰な刺激を受ける

②強い情緒的な反応を示す

③些細な刺激でも反応する

以上の、とても〈敏感な人たち〉であるＨＳＰの特性を持つ人たちにみられる過敏性に関する特性は、ＡＳＤにみられやすい特性とオーバーラップする可能性があります。

だからと言って、ＡＳＤと即座に判断するのは非常に危険です。ＡＳＤと共通する項目が多いのは確かですが、詳細な検討が必要です。

発達障害の専門医の診察、発達検査の施行などの詳細な検討が必要です。

しかしながら、すでに述べたように、ＨＳＰは〈とても敏感な人たち〉という〈人〉であり、私たち精神科医の精神疾患の診断基準のなかにＨＳＰは存在しないのです。それゆえに、精神科や心療内科を受診しても、もし専門医がいれば、発達障害の診察や治療は行うことはできます。しかしながら、ＨＳＰであるかどうかを求められても、回答できないということになりかねません。

発達障害とＨＳＰの重複

発達障害とＨＳＰの概念は重複している点が多いように思います。
しかしながら、繰り返しになりますが、両者の比較は、物差しの次元が全然違うので、本来は比較検討すべきではないように思います。つまり病名とPerson（人）は同じ平面、言い換えれば、二次元で比較するのは難しいのが実情です。

無理を承知で二つの重複を考えていきましょう。
なぜなら、読者の方々が興味を持つひとつのように思えるからです。

発達障害は、がんであるかないかのように、「ある・なし」でクリアカットすることはできません。これに対して、血圧のようにクリアカットに「ある・なし」で分断できない、連続的な特性こそが発達の凹凸であり、相対的な見方をします。

例えば、Ａさんは言語聴覚系がとても優れているが、視覚系が顕著に苦手だとします。視覚系が得意ではないのは、言語聴覚系があまりにも優れているからであり、視覚系はそれに比べて低く、はっきりとした差があっても、視覚系の絶対値は、人並み以上の平均を超えていることもしばしばです。

その一個人のデータを詳細に見ていくと、とても高い発達のレベルで、相対的な発達の凹凸があるにすぎず、個々の発達をひとつひとつ見ると、どれも平均を遥かに超えていることもあるのです。

つまり、発達の凹凸と言っても、「とても高いレベルで発達の凹凸がある場合」、「平均的なレベルで発達の凹凸がある場合」、「そう高くない平均以下の水準で発達の凹凸がある場合」があるのです。

これに対して、ＨＳＰも発達障害と同様に、とても敏感な人たちという特性であり、連続性のあるものです。

両者を比較すると、３Ｄの立体化したものであれば、比較しやすいように思います。

本書は紙ベースですので、奥行きを入れた、わかりやすい図を示すのは難しく、２Ｄで示します。

図３に示したように、ＨＳＰと発達障害はいずれも連続的な特性であり、グラデーションを奏でます。

もしクリアにするために、「ある・なし」を判別するための点を設けたとしたら、次のようになるでしょう。

①　発達障害（－）、ＨＳＰ（－）
②　発達障害（－）、ＨＳＰ（＋）
③　発達障害（＋）、ＨＳＰ（－）

図３　HSPと発達障害は連続的

④　発達障害（＋）、ＨＳＰ（＋）

最近では、発達障害のグレーゾーンという言葉も存在するので、数学的には、４通りではなく、６通りになります。

⑤　発達障害（±）、ＨＳＰ（－）
⑥　発達障害（±）、ＨＳＰ（＋）

もしＨＳＰにもグレーゾーンを設定すれば、３×３の９通りになります。

⑦　発達障害（－）、ＨＳＰ（±）
⑧　発達障害（＋）、ＨＳＰ（±）
⑨　発達障害（±）、ＨＳＰ（±）

判別点をどこに設定するかで９通りも存在する分類

が、その判別点によって、個々の比率に変化が生じます。数学的に複雑にするだけであり、得策とは言えないように思います。それゆえに、図3に示したグラデーションが適切ではないかと考えてしまうのです。

実際の臨床現場では、そこまで厳密に「ある・なし」を決めつけるのは難しく、「ＨＳＰの傾向は多少ありますね…」「発達障害とは言えないまでも、そのグレーゾーンですね…」という曖昧な表現にならざるを得ない状況をご理解していただければと思います。

これは詳細に後述しますが、その一方で、うつ病、躁うつ病、不安障害、統合失調症、パーソナリティ障害などの心の病でもＨＳＰの傾向が見られることがあり、その判別はそう簡単ではありません。

私のクリニックには、さまざまな種類の心の病で通院されている人たちがいます。

ある日、突然「私、ネットに書かれているＨＳＰに似ているように思いますが、先生はどう思われますか?」と尋ねられました。

その後も同様の質問は少なくありません。

その回答は、

「まさしくそうですね…」と思える人も入れば、「そう見えるだけかもしれませんね」まで、十人十色です。

クライアントの方々のそういう質問を通じ、色々な角度から話をさせていただいているうちに、そういう疑問にわかりやすく回答し、混乱を招かないようにという意図があり、結果的に本書を書くに至った経緯があります。

色々な言葉が出てくると従来の言葉との鑑別が必要になります。

しかし、言葉が独り歩きしてしまうことがあります。現代はネット社会であるがゆえに、独り歩きし始めると、そのスピードは信じられないほどの早さで拡散する可能性があります。

言葉の解釈は難しく、言語系優位で、言語の理解が得意な反面、裏を読めない傾向の人では困ることもあります。まさしく、ＡＳＤ傾向と言わざるをえません。

Non-HSPとHSPの両方を兼ね備える

人間、敏感な人も多いと思いますが、逆に鈍感な人も大勢いるように思います。

HSPとは正反対のNon-HSPです。

一般論ですが、新型コロナ問題で、敏感な人が多く、マスク着用が文化になっている日本に比べると、マスク着用を文化としない欧米のほうが感染しやすいように思います。

日本人には、HSP傾向の人が、欧米人よりも遥かに多いように思います。

欧米、とくにアメリカは個人主義国家であり、言動は自由にすればいいが、その代わり、その責任は自分で取るという自己責任の国です。日本人ほどHSP傾向は強くないのは至極当然のように思います。

マスク着用も文化としない、鈍感に生きていくことができる欧米社会で生きる人は、Non-HSP傾向が強いと思います。

例えば、発達障害のなかでもASDの人たちは、空気を読めないために、言葉を巧みに使うコミュニケーションができないこともあり、

「天然だよね…」

「話が噛みあわないね…」

「言っていることがわからない…」

と周囲の人たちに皮肉を言われることがあります。

皮肉ですめばいいのですが、大人の世界になれば、人が離れていきます。

まるで、〈金の切れ目が縁の切れ目〉という諺で、お金持ちに集まっていた人が離れていくように、潮が引くかの如く人が離れていきます。

そこにも、とても強い〈生きづらさ〉を感じると思います。

面白いことに、人が離れていく事態にさえも気がつかない鈍感さが隠れ潜んでいます。

ＡＳＤの特性は、ＨＳＰの概念から言えば、空気が読めないという鈍感な人（Ｎｏｎ－ＨＳＰ）になるのですが、ＡＳＤの特性として過敏性、とくに対人関係上の過敏さも強く持っていて、

①過剰な刺激を受ける

②強い情緒的な反応を示す

③些細な刺激でも反応する

などがＨＳＰの過敏性と類似しています。

鈍感さと敏感さを兼ね備えている人もいます。そういう人の中に、ＡＳＤの特性として鈍感さと敏感さの両方を持つ人が含まれているのです。

ある側面を捉えれば、Ｎｏｎ－ＨＳＰの鈍感、別の側面を捉えれば、ＨＳＰの敏感になります。相反する過敏性（鈍感と敏感）を持っていることになります。

逆の見方をすれば、人間の特性のすべてが敏感さで構成されているとはとても言えないのです。

そして、人間の心のなかには防衛機制が存在します。

例えば、ＡＳＤのグレーゾーンに位置する人たち、ＡＳＤの特性を部分的に持っている人のなかには、自己を強く抑圧し、自己主張を避け、対人関係上の共感性を示すことに気を配り、人の気持ちを察することができるように努力している人たちも意外にたくさんいます。そのなかには、自分がＡＳＤの特性を部分的に持っていることを受容している人もいれば、自分がＡＳＤであることを認めたくないという真逆の人もいます。

いずれにしても、Ｎｏｎ-ＨＳＰの鈍感であっても、ＨＳＰの敏感であっても、〈生きづらさ〉には変わりはないように思います。

2 統合失調症とHSP

統合失調症は、精神科領域のなかでは、クライアントやその家族からすれば、最も厳しく辛い心の病のひとつです。主たる症状が、「死ね」などの辛辣な幻聴（精神症状としての実在しない声）が聞こえてきたり、被害妄想や関係妄想（人の些細な言動を自分の行動に関連付ける）などの激しい精神症状を呈したりします。

日本には約30万床前後の精神科病床がありますが、その大半は統合失調症の治療のために入院中です。

最近は、とてもよい薬剤が開発されて、外来治療で十分に対応可能になっていますが、それでも薬物治療は苦戦しているのが現状です。ですが、数十年前に比べれば、格段の進歩を遂げています。

事例 7

統合失調症

30歳男性。無職。約10年前の20歳前後の頃に統合失調症を発症した。最近は、幻覚・妄想は以前ほど強くないが、時に激しくなることもある。とくに、新宿や渋谷などの人ごみの多い街には近寄れない。電車の中でも些細な人の会話が聞こえてくるという。

自分では、とても繊細で敏感で困っていると訴える。小さな音でも拾ってしまうという聴覚の過敏性も訴える。診断的には統合失調症であり、抗精神病薬を服用しているが、薬剤効果もあり、HSPの訴えは徐々に減っている。その他に、笑っている人を見ると自分が笑われていると思ってしまう関係妄想も呈している。

解説

統合失調症（英語名 schizophrenia）は、かつては精神分裂病と呼ばれていた病気であり、精神医学の領域では最も大変な心の病です。発病頻度は１００人に１人前後で、日本には１００万以上の患者さんがいます。

精神症状は幻覚・妄想が中心であり、数十年前に比べると抗精神病薬の進歩もあり、幻覚・妄想は減弱し、何とか対応できている人が増えつつあります。社会に適応できる人の数も、微増かもしれませんが確実に増えています。最近では、統合失調症に伴い生じる認知機能の障害を回復させる方向の新薬も模索されています。精神神経薬理学のさらなる進歩が期待される領域のひとつです。

本事例の場合、人ごみという刺激の中に入ると幻聴が激しくなるようです。これが精神症状としての幻聴なのか、聴覚過敏によるものなのか、あるいは両方なのか、判別はとても難しいことがしばしばです。人ごみの中に入らないほうが賢明であり、人里離れた自然の中にいたほうが心地よいと思われます。幸いなことに抗精神病薬には反応し、その効果もみられるので、適切な服薬がとても重要です。幻聴のみならず、人の行動に関連づけ、意味づけをする関係妄想や被害妄想を呈しやすいので、なおさら人ごみを避けたほうが生きづらくないように思われます。

統合失調症の遺伝的素因と自閉症スペクトラム障害ＡＳＤの両方を持ち合わせれば、両方の特性や精神症状を呈しても不思議ではありませんが、両者の併存する人が実際どの程度いるのかは不明です。

統合失調症の人たちは幻覚・妄想に苦しんでいるがゆえに、〈とても敏感な人〉が必然的に多くなります。些細な音に過敏に反応したり、対人不安や対人緊張もとても強くなったりします。人が怖くなり、人ごみの中に入れなくなることも少なくありません。

結果として、彼らの中にも「私はＨＳＰの傾向がある…」という訴えもみられます。

何時間もかけて、電車や車などの交通機関を使ってクリニックにやって来られる70代、80代の人が大勢います。彼らは、統合失調症に罹患し、精神症状で苦しんでいる自分の子どもたちを連れて、老体に鞭打っても通院してくれています。

彼らは「死にたくても死にきれない」「もし私がいなくなったら、子どもの面倒をみてもらう人がいない」という気持ちを訴えます。

また、あるときは「毎日が、幻聴との闘いです」と吐露するクライアントもいます。

彼らの〈生きづらさ〉は想像を絶するものがあり、この疾患に関係のない人は彼らの精神的な苦しみや生きづらさを想像することはできても、真に彼らの生きづらさを理解することはなかなかできないように思います。

生きづらさはピンからキリまであり、容易に〈生きづらい〉という言葉を使う人も入れば、地獄の苦しみで真に生きづらく感じながら生き抜いている人もいます。

もし私が、彼らの親と立場が同じであれば、彼らの親のように踏ん張る自信はありません。

しかも彼らは苦しみを訴えながらも、私には最高のさわやかな笑顔を提供してくれます。そのおかげで、私はどんなに疲れている時でも、彼らや彼らの親に接することで、枯渇しかかっているエネルギーを補充してもらうことができます。わかりやすく言えば、元気をいっぱいもらえるのです。

私の方が元気づけないといけない役回りであるにも関わらず、逆に元気をもらえるのです。

3 パーソナリティ障害、愛着障害などとＨＳＰ

パーソナリティ障害や愛着障害などは、親からＤＶを受けたり、愛情を上手く注いでもらえなかったりした結果、性格特性などに歪みを生じる心の病です。幼少期の両親との関係性が大きく関与する心の病です。

彼らもまた、とても繊細な人が多く、周囲の言動が自分に対してどう向けられているかを絶えず見ています。ときには、相手が自分をどう見ているかを試すための言動を取ることもあります。

彼らもまた、ＨＳＰのような特性を呈することがあります。つまり、ＨＳＰの中にはパーソナリティ障害や愛着障害などを呈している人が数多く存在するように思います。

事例 8

パーソナリティ障害

20歳女子大学生。訴えは、リストカット、過食など。同棲している彼氏に大声を張り上げるなど大騒ぎをするので、数日前に彼は出て行ったという。彼以外の人には本音が言えないので、彼が唯一の理解者。依存性が強く、彼には甘えることができるが、その一方で見捨てられ不安が激しく、彼には絶大な信頼を置いているが、鎌をかけて、自分に対する見方を絶えずチェックしている。彼はマメで面倒見のいい性格なので、そういう彼女にも優しく接していたが、限界点に達した。

彼女は、繊細で他人の一言で傷つくなどの、いわゆるＨＳＰの傾向も顕著である。現在は心療内科に通院中であり、薬物治療と心理カウンセリングを継続して受けている。

幼いころから親からの虐待体験がとても強く、その体験がしばしばフラッシュバックするという。

解説

パーソナリティ障害や愛着障害の精神病理の基本は、幼少期の主たる養育者による養育のあり方にあります。わかりやすく言えば、主たる養育者である両親がいかに接したかが問われます。例えば、両親のいずれかからひどい虐待を受けたなどの精神的なトラウマが、思春期以降の発病に大きく関与するのです。

両親の発達の凹凸が顕著で適切に子どもに愛情を注げない場合、あるいは子どもが親の発達の凹凸を遺伝的に受け継いだ場合は、より情緒面の揺れが激しく顕在化して、パーソナリティ障害や愛着障害などと診断し得るレベルで発病することがあります。つまり、発達の凹凸を持つ両親という遺伝的な要因もあれば、養育的な親子関係のあり方という環境的な要因も関与します（94ページの図1を参照してください）。

事例8では、リストカットや過食などの症状を示しています。しかも彼氏との対人関係上、見捨てられ不安や攻撃性、依存性などの錯綜した心理状態を垣間見ることができます。このような傾向が、パーソナリティ障害や愛着障害の症状が本体なのか、ベースに発達の凹凸があり、結果として見かけ上、パーソナリティ障害や愛着障害の症状を呈しているのか、どちらの可能性もあります。

パーソナリティ障害の診断で重要な点は、見捨てられ不安が存在することの確認で、その他の精神症状のチェックも重要です。パーソナリティ障害の治療は、より水準の高い技術力、長期戦に及んだ場合の忍耐強さが、治療者サイドに求められます。

次ページの図１（再掲）に示したように、発達の凹凸があり、一次障害として発達の問題が存在し、両親などの養育者の愛情の注ぎ方や育て方に何らかの支障があれば、パーソナリティ障害や愛着障害に関連する精神症状を呈しても、何ら不思議がないように思います。

図１　一次障害の発達障害と二次・三次障害（再掲）

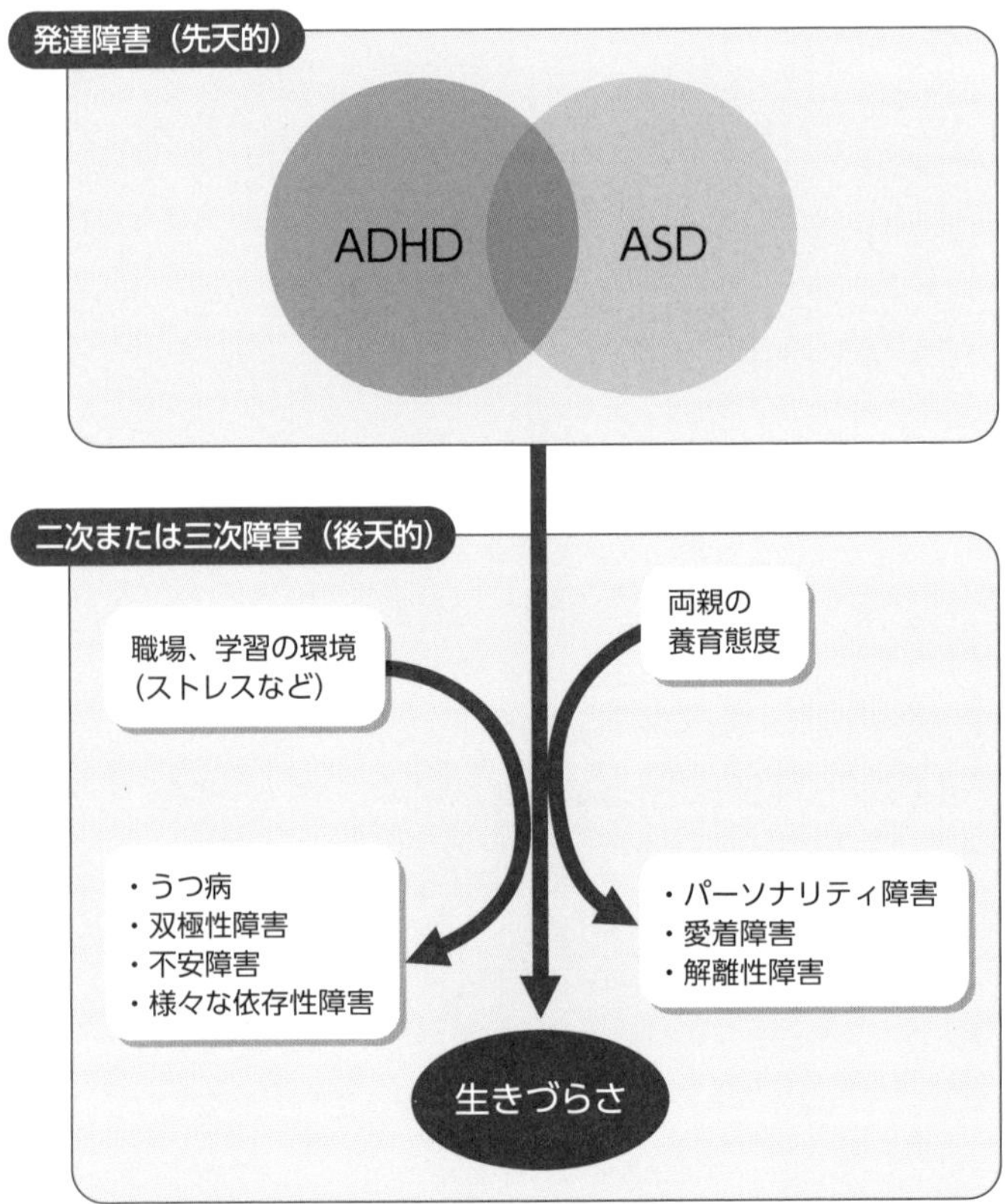

千葉テストセンター、福西勇夫 2021 より引用

4

不安障害、うつ病などとHSP

職場のストレスなどの環境要因や、家族間の心理的な軋轢（あつれき）で、結果的に抑うつや不安を抱える人は、すごい数に上ります。今でこそ、精神科や心療内科に発達障害の疑いでやって来られる人たちが急増していますが、それまではうつ病が、心の病の代表として、世間には認知されていました。

しかしながら一般の方は、うつ病、躁うつ病、単なるうつ状態、うつ傾向などを「うつ」として認知し、誤解することがよくあります。

気分が落ち込めば「うつ」になるのであれば、一生の間にほとんどの人が何百回も「うつ」を呈することになってしまいます。

事例
9

パニック発作

17歳男子高校生。訴えは学校での過呼吸発作で、息ができなくなるほど苦しくなり、椅子に座っていられない。心療内科に受診したが、パニック障害と診断され、薬物処方のみの治療で一向によくならないので転院した。

転院先では、人に対する過敏性があり、発達系の問題がベースに存在する疑いがあると指摘され、詳細に検査をしたところ、一次障害がASDのグレーゾーン、二次障害として、対人面の不安や緊張が生じるとパニック発作に発展すると説明を受ける。彼は、聴覚過敏もあり、とても敏感な人たちであるHSPの特徴を備えている。

解説

事例９はパニック障害と診断した事例です。

パニック障害は、最も代表的な不安障害のひとつとして、よく知られています。症状としては、息苦しさ、呼吸困難感、動悸、めまい、吐き気、冷や汗などの激しい発作（パニック発作）に突然襲われる不安障害と考えてください。とくに不安になるような原因はないのに、前触れもなく不意に起こるのが特徴です。

重要な点は、パニック障害は二次障害であり、一次障害に発達圏の問題が存在する可能性があるという点です。精神科の専門医であっても、クライアントの訴えがパニック症状に終始し、発達圏内に関する十分な問診を行っても一次障害を見落とすことがあります。

不安症状が存在し、とくに対人関係上の問題点があれば、一次障害としての発達障害の存在を疑うことが肝要です。

事例 10

強迫性障害

12歳の女子。不潔恐怖が激しく、一度外出すると手洗いを何度もしないと気が済まない。確認行為も絶えない。母親はとても強い過干渉で、その影響も見逃せない。感覚が異常に過敏であり、人一倍気を遣う。そのために人と接するとひどく疲れる。母親も本人もとても敏感な人であり、自分はＨＳＰでもあると吐露する。

現在、心療内科で、心理カウンセリングに加え、抗不安薬やＳＳＲＩ（抗うつ薬の一種）などを用いた薬物治療を実施しているが、その効果は今一つであると言う。

解説

事例10は、不安障害のひとつである強迫性障害の事例です。

事例９と同様に、強迫症状という精神症状で問題が顕在化することは多々あります。

不安障害にはさまざまなものがあります。事例８では直接的にふれなかったのですが、事例８のようにＰＴＳＤ（心的外傷後ストレス障害）を一次障害で呈する事例は枚挙にいとまがないように思います。

忘れることのできない心的外傷の存在があるときも、一次障害として発達障害圏内のものが存在する可能性があることを、頭の片隅に留めて置く必要があります。

強迫行為や強迫的に確認する行為、「もし～だったら、どうしよう」といった一連の心理行動は、不安・緊張の現れであると言えます。自閉症スペクトラム障害などの発達障害がある場合では、対人緊張、対人不安がとても強いために、過去の嫌な思い出が何かのきっかけでフラッシュバックすることはよくあります。

事例 11

うつ病

44歳男性、会社員。性格は几帳面で生真面目。人のいい性格でもあり、他人への配慮も十分にできる。共感性もある。しかしながら繊細すぎて、考えすぎることがしばしばである。

5年ぶりに異動し、管理職になったが、環境変化についていけずに体調を崩した。動悸、呼吸困難感などの不安症状や自律神経症状に加え、抑うつ気分、意欲の低下、集中力の低下などのいわゆるうつ状態を呈した。とくに、部下が新しくでき、その対処に気を遣いすぎているのが原因のようである。

今は心理カウンセリングで認知行動療法を行い、性格や物事の捉え方などを修正する心理的なアプローチに加えて、抗うつ薬、抗不安薬などを

用いた薬物治療も行っている。

幸いなことに、徐々に治療効果が現れて、順調な経過を辿っている。

解説

事例11は、昔ながらの典型的なうつ病です。

いわゆるうつ病に親和性のある性格であり、几帳面、生真面目で秩序を重んじる傾向があります。ところが、対人関係上、とても過敏で繊細であり、見方を変えれば、ＨＳＰ傾向が明確に存在するように思います。そのことが原因でうつ病を呈することも十分に起こり得ることを示しています。

うつ状態や不安状態に陥る人の中には、物事を悲観的に考える傾向の人が少なくありません。また、周囲の言動に過敏で、〈とても敏感な人たち〉に近い状態を呈している人も大勢存在します。

つまり、ＨＳＰの人の中には、うつ状態や不安状態を呈している人は数多く存在するように思います。

事例9、事例10、事例11はいずれも、ＨＳＰの傾向が顕著にみられていました。ＨＳＰによる〈生きづらさ〉は3事例のすべてに存在しています。

うつ病やうつ状態には、さまざまな原因があります。

わかりやすい例から説明します。

例えば、人や物を失い、それが引き金となり、気分の落ち込みや意欲の低下が起こりやすくなります。配偶者の死、親の死などの喪失、解雇などで経済的基盤を失うという喪失があれば、多くの人はうつ状態に陥ります。

もし、〈とても敏感な人たち〉であるＨＳＰの傾向が強い人であれば、その喪失感がとても強く心に響きます。逆に鈍感な人たちあれば、その傷つきは小さくてすむかもしれません。

ペットロスも同様です。家族同様の犬が死んだ場合では、うつ状態は軽いにしても、一時的に気分が滅入ることはよくある話です。

次に躁うつ病（双極性障害）との関連性を説明します。

躁うつ病は、気分が高揚しハイテンションになる躁病相と、気分が落ち込むなどのうつ病相を繰り返す病気です。

ここで誤解してほしくない点は、ジェットコースターのような短時間での気分のアップダウンは、気分の変調、言い換えれば情緒面が不安定であるにしかすぎず、本物の躁うつ病とは違うということです。躁うつ病は数カ月単位で大きな波を呈するのに対し、気分の変調は、１日のなかでも大きな変化がみられることが多く、波は激しいかもしれませんが、そのサイクルがとても短いのが特徴です。

本物の躁うつ病であっても、変動のサイクルがとても短い気分の変調であっても、そのなかに〈とても敏感な人たち〉であるＨＳＰの傾向が強い人が混在しています。

普通に考えても、神経が繊細な人のほうがそうでない人に比べて傷つきやすく、うつ状態に陥りやすいように思います。しかしそれはイコールうつ病やうつ状態ではなく、うつ病やうつ状態に陥りやすい精神状態にあるということです。

第4章

生きづらさを
和らげる
コツと工夫

ここからは生きづらさをすこしでも和らげるための対処のしかたを紹介していきます。生きづらさの対処のしかたは、個人によって向き不向きがありますので、以下に記載した内容をアレンジして使うことも可能です。

一度、目を通していただき、自分に合うものを探してみてください。

1 マルチタスクからシングルタスクへ

行わなければいけない作業をマルチタスクではなく、シングルタスクにして、精神的、身体的負担を少しでも軽減しましょう。

不安や緊張が強いと慌てる傾向があります。

とにかく、慌てないようにすることが、第一段階であるファーストステップです。

そして、どうしても多くのことを同時に処理しよう（マルチタスク）とすると、精神面及び身体面の負担が大きくなり、ＨＳＰの特性に刺激を与え、精神的に悩みやすくなることもあります。

なかなか難しいことかもしれませんが、できるだけ興味や関心が持てる、自分の好きなことに熱中したり、没頭したりすること（シングルタスク）で、嫌なことを可能な範囲内で排除することが大切です。

好き嫌いは誰にでもあります。

好きなことから始めてもいいし、ゆとりがあれば、嫌いなことを好きなことの間に挟んでもらってもいいかと思います。

思い込みや決めつけは好ましくありません。「どこから始めてもいい」という気楽な感じで物事は進めたほうがいいと思います。

いずれにしても、自分で自分自身にしばりをかけないようにしましょう。

それだけでも、人によっては、すごく生きづらくなるかもしれません。

それには自分の容量、いわゆるキャパシティを知ることから始まります。そして、その容量を超えないようにしましょう。自分のコップから大量の水が溢れ出ないように、常にセルフチェックが必要です。

「人生、なるようにしかならない」という考えでもオーケーです。

2 コンパクトにする

できるだけ物事をコンパクトにして、単純化を図ることが大切です。

選択肢の多いものは極力避けましょう。

物事をコンパクトにすれば、やらなければならないという、いわゆる守備範囲は狭くなり、ひとつのことに注ぐエネルギーは高くなり、必然的に集中力は高まります。

例えば、メールやライン、年賀状の数を減らすなどをして、不要なエネルギーを使わないようにするという方法もあります。とくに対人関係が絡むものは極力減らして、対人関係に気を遣わなくてすむようにします。

すべての対人関係を排除することはできないでしょうが、ある程度は割り切って、付き合いやすい人を選択した方が、楽な生き方であるように思います。

しかしながら、ビジネスの上で、例えば、営業関係の職種の人にしてみれば、そう簡単にクライアントを選択できないこともあるかもしれません。どうしても対人不安や対人緊張の刺激を受けるときは、その時間を短くし、軽くスルーできるようにするやり方もあります。

回避的なやり方と思われる人もいるかもしれませんが、わざわざ生きづらい人生を複雑にするよりも、生きやすい人生を送るほうがよいように思います。

ただ、緊張しやすく不安を抱きやすい対人関係であっても、積極的に突き進んでいきたいと思う人は、どんどんチャレンジしてください。

人生の生き方、どういう人生を送るかは、自分で選ぶことも必要です。

3 ルーティン化する

繰り返しになりますが、物事を複雑化しないようにしましょう。

人間は、物事が複雑化して、その結果、選択肢が多ければ多いほど、ミスをするなどの確率が高くなります。

それと同時に精神的に悩みやすくなり、情緒面の揺れが生じやすくなります。注意散漫にもなりやすくなります。

もし可能であれば、物事をルーティン化して、生きづらさに対処しやすくするのもコツのひとつです。

毎朝の洗顔、歯磨き、食事、睡眠、排尿・排便のように、人間であれば誰でも行う行動に近いレベルにまで持っていくことができれば言うことがありません。完全なルーティン化です。

ＨＳＰの人は、やるべきことをなるべくルーティン化して、余力を持った方がベターのように思います。余裕をもつことでミスは最小限になりますし、たとえ対人関係上、不安や緊張が大きくなったとしても、余裕をもって対処した方がよい結果につながるように思います。

4 マイナスに考えない

今は生きづらさを感じていたとしても、いつかは晴れる日がやってくるとポジティブに考える思考を身につけることも必要です。

辛くて苦しい時期があれば、やがてまもなく快晴の日もやってくるという考えです。

苦しみなしに本当の喜びを感じることは、なかなかできないように思います。

人間の多くは、簡単に手に入れたものは、大切にせずに粗末に扱います。わかりやすく言えば、有難味を感じなければ、大切にできないということになるかと思います。

これに対して、大変な思いをして手に入れたものは大切に扱う傾向があります。

〈苦節十年〉という諺があるように、苦しみを経験した後でなければ、真の感激を感じることは難しいように思います。

5 短所と長所は紙一重

長所の近くに短所が存在することが少なくありません。両方は全然異なるように見えても、紙一重のこともあります。

つまり、〈とても敏感な人たち〉と〈とても鈍感な人たち〉の両方が存在します。前者が向いている職種や生き方もあれば、後者であるからこそできる職種や生き方もあるかと思います。

しかしながら、実際はすべてのことに対して、とても敏感なわけではありません。鈍感な側面も持っているはずです。

その一方で、〈とても鈍感な人たち〉はすべてのことに関して鈍感であるはずがありません。繊細でとても敏感な部分も持ち合わせているのが普通のように思います。

新婚夫婦を見ていると、二人の共通項もありますが、二人の性格や特性がまったくの真逆で、お互いに相補的に補い合うことで上手くいくこともたくさんあるように思います。自分が持っていない特性を好きになることもあるのです。

確かに昨今は離婚率がとても高いという事実はありますが…。

6 〈生きづらさ〉を感じて初めて、スタートラインに立てる

人生である以上、何らかの生きづらさがないということはあり得ないという見方もできます。

人生に王道はないように思います。

生きづらさを感じることが、人生のスタートラインかもしれません。

生きづらさのない人生はあり得ないという発想も必要です。

そして、努力や創意、工夫をして、一歩でも生きづらさを克服していくことが人生なのかもしれません。

そこでの苦労があればあるほど、結果

として、感動や感激のようなプラスの感情を生みます。ある程度の苦労は、必ず必要のように思います。

もし生きづらさを全然感じない人がいたとすれば、それは、人生のスタートラインにも立てていない可能性もあります。

本屋さんで…

先日、都内の大型の本屋さんに行く機会がありました。

「たまには本に囲まれるのもいいなあ」と感じながら、本屋さんを散策していました。

医学生に人気の参考書のコーナーを過ぎ去ろうとしたときです。

立ち止まって、参考書を見るとびっくりさせられました。

至れり尽くせりの「わかりやすい参考書」が医学生には大人気のようです。

要するに、参考書の完全なるマニュアル化であり、頭を使う必要性があまりなく、ただ知識を詰め込めばいい。これだけ覚えれば確実であり、安心感があるというものです。

時代は大きく変化していると言わざるをえません。

若い人たちは、知識の詰め込みが中心となり、必然的に脳の特定のある箇所しか使わなくなります。創造性は極端にダウンしてしまい、最悪のパターンは、教科書や参考書に書いてあることには正確に対処できるが、書いていないことに関しては、対応ができないということになりかねません。そんな可能性も否定できないと感じました。

人生の幕引きをそろそろ考えている人間からしてみれば、知識は豊富かもしれませんが、臨機応変さや柔軟性に劣るのはとても困ります。とくにクライアントにとっては、緊急時に対処してくれない医師は非常に厄介となります。

7 完璧を求めない

病院に行けば、病気は100%治るという考えを持っている方は多くいます。

これまで、そういうクライアントに数多く出会ってきました。

しかし、実際は100%の苦しさを99%に、99%を98%に、高層ビルを階段を使って少しずつ降りていくような方法しかない病気も多々あります。その一方では、外科的な手術で劇的に改善することもあります。

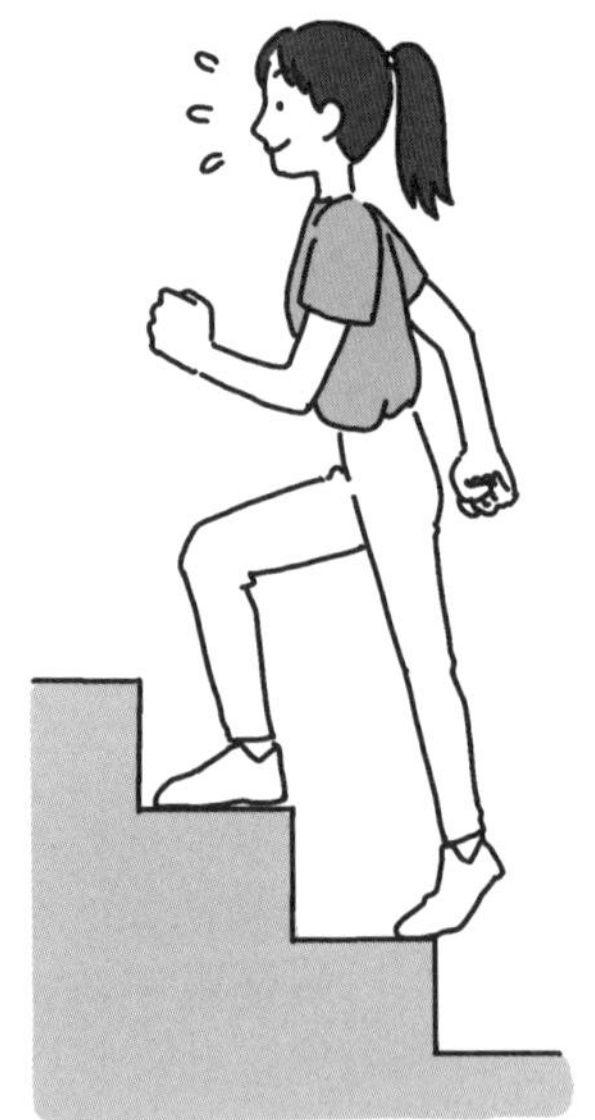

例えば、受験勉強で偏差値50の人を70にしてほしいという想いがあっても、継続的に努力を繰り返し、少しずつアップさせていくしかないのと同じです。

アキレス腱などを切って外科的な手術で治すことはできても、その後の身体的なリハビリテーションは大変です。数カ月は要します。

これがプロのスポーツ選手であれば、それ以上に大変です。

英語を1週間でマスターすることは不可能です。

ガリガリの人が、1週間で筋肉を鍛え上げるのは不可能です。

やはり、一歩ずつの積み重ねしかないように思います。

たとえ、それがほんのわずかな一歩であったとしても、それが溜まっていけば…。

8 継続がカギ

継続こそが生命線のように思います。

生きづらさをネガティブに感じずにチャレンジすることも大切です。

諦めずに力強く生きていきましょう。

HSPに関しては、繊細であるがゆえにとても苦しい面は、確かにとてもたくさんあるかと思います。しかしながら、光と影の関係と同じように、繊細であるがゆえに良かったと思えるプラスの側面も探せば、意外にたくさんあるように思います。

人間の多くは、〈隣の芝生は青く見える〉の諺のよ

うに、自分だけが特別に大変辛い思いをしていると考える傾向があります。しかしながら、実際はそうではなく、表に見せることのできない苦しみは誰でも抱えています。

ＨＳＰの特性をいかに活かすかが、とても大切なことのように思います。

9 リモート社会の到来とその良し悪し

昨今の就労形態は、ズームを使った大学の講義や職場の会議など、リモート化が急速に進んでいます。

発達障害圏内、あるいはＨＳＰの特性を抱える人たちにしてみれば、追い風になっていることもあります。

学校に行けない不登校の子どもたちは、親から学校に行きなさいと強く言えない環境下では、不登校を正当化、合理化しやすくなります。いじめっ子に会わなくて済む。たとえ、登校し、いじめっ子に会っても、無駄な会話を極力制限されれば、不安、緊張、恐怖は軽くなります。

対人不安、対人緊張の強い子どもたちにとっては願ったり、叶ったりです。今後のリモート社会が加速されればされるほど、〈とても敏感な人たち〉であるＨＳＰの特性を持つ人たちは、社会での活躍の場が広がり、そして実力を発揮しやすくなる可能性が高まります。

一般就労においても、リモート勤務になればなるほど、嫌な上司から注意、小言、文句を言われにくくなります。リモートで証拠が残れば、パワハラの証拠になりかねません。完全なフルリモートの会社も増えていると聞きます。

そうなれば、〈とても敏感な人たち〉であるＨＳＰの特性を持つ人たちにしてみれば、優位性を発揮し、長所をアピールしやすくなります。発達の凹凸が有利になる可能性を大いに秘めているということになります。

しかしながら、プラスばかりではありません。

会社や学校では、筋肉の緊張の少ない机や椅子に、身体の数多い筋肉、腱が慣れているように思います。ところが、自宅でのリモートワークでは微妙に高さなどが異なり、筋肉系統の過緊張を生じやすくなることもあるかもしれません。そうなれば、直接的な対人不安や対人緊張は回避できますが、長時間に及んで無理な姿勢を強いられ、筋肉系の過緊張を生みます。しかも運動不足で、体力は確実にダウンします。

田舎に住んでいる人が上京して口にする言葉は、「足が疲れる…」です。例えば、地下鉄の乗り換えに伴う階段を使った昇降運動や、電車の中でバランスを保ちながら立ち続ける無意識の体幹トレーニングができなくなります。毎日の通勤に伴う筋肉系のトレーニングが不足することは明白です。

体の不調は心の不調につながることもありますから、自宅の仕事環境を見直すとともに、適度に体を動かすなどして、心身ともにいたわってあげることが大切かと思います。

終わりに

以上、ＨＳＰを伴う〈生きづらさ〉について言及してきました。

本書では、まだまだ不十分な点が多々あるかと思いますが、今後の検討の余地が大いに残されている領域であることは疑いありません。

過去に多くのクライアントに接することで、逆に私の方が学ばさせていただく機会となりました。いい意味で、さまざまなことを教えてもらいました。今後もそういう機会が続き、よりよいものが書けるとすれば嬉しい限りです。

いずれにしても、ＨＳＰ傾向を呈し、しかも〈生きづらさ〉を強く感じている人は、想定以上に星の数ほどいるように思います。

そういう人たちを理解することが第一歩のように思います。

もし、読者の方々に「自分はＨＳＰ傾向がある…」と思っている人がいるなら、自己の状態を知る、言い換えれば、自分のポジショニングを正確に行うことがスタートになるかと思います。

参考文献

1. A-ADHD for Female 成人期 ADHD 検査女性版検査用紙（2021）
福西勇夫、日本文化センター
2. A-ASD for Female 成人期 ASD 検査女性版検査用紙（2021）
福西勇夫、日本文化センター
3. 鈍感な世界に生きる敏感な人たち（2016）
イルセ・サン（枇谷玲子訳）、ディスカヴァー・トゥエンティワン
4. 繊細な人が快適に暮らすための習慣（2020）
西脇俊二、KADOKAWA
5. HSP と発達障害（2020）
高田明和、廣済堂出版
6. マンガでわかる女性の ADHD・ASD 自分らしい生き方ガイド（2020）
福西勇夫・福西朱美、法研

■著者略歴
福西 勇夫（ふくにし・いさお）
南青山アンティーク通りクリニック院長／精神科医
1984年徳島大学医学部卒業、医学博士。東京都精神医学総合研究所（現・東京都医学総合研究所）勤務を経て、2003年より現クリニックを開業。精神科医として発達障害、統合失調症、不安障害など、幅広く心の病に対応している。米国での臨床・研究経験も豊富で、2000年より現在までにマサチューセッツ総合病院の客員教授として9回招聘され、2007年には南イリノイ大学の客員教授として招聘されている。一般向けの著書多数。

精神科医が語る
HSP・心の病と“生きづらさ”
「とても敏感な人たち」のために

令和３年12月22日　第１刷発行

著　　者　福西勇夫
発 行 者　東島俊一
発 行 所　株式会社 法 研
〒104-8104　東京都中央区銀座1-10-1
電話 03(3562)3611（代表）
http://www.sociohealth.co.jp
印刷・製本　研友社印刷株式会社

0123

小社は㈱法研を核に「SOCIO HEALTH GROUP」を構成し、相互のネットワークにより、〝社会保障及び健康に関する情報の社会的価値創造〟を事業領域としています。その一環としての小社の出版事業にご注目ください。

ISBN978-4-86513-855-9 C0077　定価はカバーに表示してあります。